DO MESTRE SECRETO E SEUS MISTÉRIOS
4º GRAU

Jorge Adoum
(Mago Jefa)

*DO MESTRE SECRETO
E SEUS MISTÉRIOS*
4º GRAU

BIBLIOTECA MAÇÔNICA PENSAMENTO

Editora
Pensamento
SÃO PAULO

Todos os direitos reservados. Nenhuma parte deste livro pode ser reproduzida ou usada de qualquer forma ou por qualquer meio, eletrônico ou mecânico, inclusive fotocópias, gravações ou sistema de armazenamento em banco de dados, sem permissão por escrito, exceto nos casos de trechos curtos citados em resenhas críticas ou artigos de revistas.

16ª edição 2010.
5ª reimpressão 2025.

Capa: Rosana Martinelli

Projeto gráfico e diagramação: Verba Editorial

Revisão de texto: Gabriela Morandini e Adriana Moretto de Oliveira

Dados Internacionais de Catalogação na Publicação (CIP)
(Câmara Brasileira do Livro, SP, Brasil)

Adoum, Jorge
  Do mestre secreto e seus mistérios: 4º grau / Jorge Adoum (Mago Jefa). — 16ª ed. — São Paulo: Pensamento, 2010. — (Coleção Biblioteca Maçônica Pensamento)

  ISBN 978-85-315-0183-8

  1. Maçonaria — Brasil I. Título. II. Série.

10-10492   CDD - 366.1

Índice para catálogo sistemático:
1. Maçonaria : Sociedades secretas   366.1

Direitos de tradução para a língua portuguesa adquiridos
com exclusividade pela
EDITORA PENSAMENTO-CULTRIX LTDA.
Rua Dr. Mário Vicente, 368 - 04270-000 - São Paulo, SP
Fone: (11) 2066-9000
E-mail: atendimento@editorapensamento.com.br
http://www.editorapensamento.com.br
que se reserva a propriedade literária da tradução. Foi
feito o depósito legal.

Sumário

Lenda que foi a roupagem de todas as religiões   9

1. Simbologia do 4º grau de mestre secreto.......... 18
2. O gênesis.. 22
3. O coração da pirâmide.. 29
4. Filosofia esotérica do 4º grau............................. 42
5. O denário e a unidade... 48
6. A magia do verbo que deve aprender e praticar o mestre secreto... 56
7. "E o verbo se fez carne"...................................... 66
8. Práticas.. 73
9. O que deve aprender o mestre secreto............. 81
10. A unidade na trindade.. 96
11. O que deve saber e praticar o mestre secreto........ 114

Bibliografia.. 175

DO MESTRE SECRETO E SEUS MISTÉRIOS
4º Grau

Lenda que foi a roupagem de todas as religiões

A primeira lenda do paganismo que contém a luz eterna, em seu significado, é a origem da lenda de Hiram Abiff.

Talvez o primeiro poeta ou o primeiro sábio iniciado, detendo-se ante as maravilhas do Universo, pensou e chegou a tecer a primeira lenda da qual se derivaram todas as religiões do mundo, com seus sacerdócios, histórias, e tradições materializadas em suas formas, e divinas em seus sentidos internos.

Mas, seu significado grosseiro ocupou, com o tempo, o lugar de seu espírito poético e diáfano, embora sua origem tenha permanecido uma em toda época e lugar.

Naqueles lugares e tempos tão distantes, um poeta viu um grão de trigo sepultado na terra, logo ressuscitando em vinte a trinta grãos numa só espiga. Pensou no mistério, na magia, no poder maravilhoso que habita nas trevas do interior da terra, e disse para si mesmo e para seus irmãos: "sem dúvida, deve existir um Ser que maneja esta força e a renova a cada ano!"

Então o homem deve honrar aquele ser que maneja este poder, a fim de assegurar e receber sempre seus bens e complacência.

Este Deus foi chamado pelos sumerianos "Dammuzy", isto é, o filho que ascende do mundo inferior, o filho bendito, o obediente, o ressuscitado, o enviado.

Dammuzy se enamorou de sua irmã "Alliny", deusa da terra e do céu, mas seu amor era puro. Começou ela a baixar ao mundo inferior, ao Aralú, depois da morte de Dammuzy, para devolver-lhe a vida terrena. Outra lenda diz que Dammuzy é para a mãe terra, o esposo, o irmão e o amante. Em ambos os casos se vê que ele ascende do *interior do mundo, do fundo da terra.*

Esta lenda mitológica foi a origem do símbolo da "vida e da morte", *existente em todas as religiões*; no vegetal que murcha e morre no outono e se reverdece na primavera; assim, Dammuzy morria em cada outono ou verão e ressuscitava em cada primavera.

Por tal motivo celebram seu renascimento na metade da estação da primavera de cada ano e sua morte em *Tammuz (Julho).*

Em *Lagach* e *Nibud*, Tammuz se chamava Rahil Innini, isto é, o mês em que a sultana ou rainha do céu se ausentava em busca do senhor da terra, na profundeza da terra.

Quando os babilônios adquiriram esta lenda dos sumerianos, chamaram-no o mês da busca ou da viagem. *Tammuz* casa-se com sua irmã Ichtar, isto é, a deusa Virgem.

Aqui se vê a relação entre Tammuz e Dammuzy, assim como a diferença entre Ichtar e Innini. A causa da diferença é porque os ácades chamaram a esta deusa em seus dialetos "Achtar", e os babilônios a copiaram, e, *fez--se* "Accad", "Hachtar". A Bíblia aumenta um "o" e um "t", fazendo "Hachtarot".

Assim como se modificou a lenda, assim também o amor deixou de ser puro.

Tammuz casou-se com Achtar em Babel. Os babilônios, em suas orações invocavam, às vezes, a deusa como esposa, outras, como irmã, e constantemente como mãe; mãe virgem, esposa mãe, deusa da abundância, deusa da lua.

Este é o selo teológico que teve a lenda em Babel, afirmaram-no os sacerdotes. Foi citada na literatura siríaca, e fez-se um dogma religioso entre os sabaítas que praticavam o culto aos astros em Baharram; e assim até a Idade Média da era cristã, algumas seitas continuavam adorando a Tammuz e a Ichtar.

Os crentes exageravam as qualidades e virtudes de Tammuz, e diziam que curava as enfermidades, tinha poder sobre os demônios, acolhia as petições.

Estas são as pegadas dos babilônios na lenda.

Os babilônios queriam estender seus domínios sobre os sumerianos e assírios, e por esse motivo compraziam-se em associar Tammuz ao seu grande Deus Mardoc, ou plagiaram o significado da lenda original começando a festejar Mardoc em *Nisan — Abril —* na primavera, semelhante à festa sumeriana.

"Eis que nosso Deus supremo está preso ao mundo inferior, nossos sacerdotes lamentam sua morte e nossas mulheres choram inconsolavelmente em sua tumba; sua esposa Baltis vai ao mundo das trevas para buscá-lo e volta triunfante; Mardoc levanta-se vivo de sua tumba; Mardoc — Tammuz, Deus da vida e da morte, da ressurreição e da imortalidade."

De Ur dos Caldeus, de Lagach a Babel e Assíria, e desta à Fenícia, passa a lenda eterna, e modifica-se, mas seu significado interno original permanece intacto.

Dammuzy, Tammuz, Adônis, são diferentes nomes para um só Deus. Adônis é fenício, derivado de Adon, isto é, "Senhor".

Adon, na Fenícia, tem uma lenda especial que completa a original: Adon Gabeil, filho de Marrá que é filha de Ciniras, rei de Chipre, nasceu no país arábico; sua mãe fugiu da tirania de seu pai, e mais tarde voltou a Biblo, com o filho, então jovem.

Adon era o exemplo perfeito da beleza física e moral. A rainha do céu Ishtar viu sua beleza, enamorou-se perdidamente dele, e desceu de sua altura para desposá-lo. Adônis gostava da caça, e um dia saiu para seu esporte favorito, apesar das súplicas de sua amada para que não fosse, pois lhe pressentia uma desgraça. Adônis encontrou um javali, seguiu-o, lançou-lhe uma flecha, mas o animal o acometeu e matou.

Outra lenda diz que Marrá, esposa de Cyles, rei sírio, se enamorou de seu próprio filho; o rei esposo quis matá--la, mas Afrodite tocou-lhe o coração com compaixão e transformou Marrá em árvore que leva seu nome; depois de dez meses a árvore rebentou e saiu dela Adônis; ao vê-

-lo, Afrodite Achtarte (Achtar — Achtarouth) ficou presa de sua beleza, ocultou-o numa grande caixa e entregou-o à deusa das trevas para aprisioná-lo; essa deusa prendeu-o e não quis devolvê-lo, depois, à Afrodite. Esta a acusou a Zeus, o qual decretou que Adônis poderia passar três meses com Birsafone no reino das trevas; três meses com Afrodite; três meses lhe seriam livres para passá-los onde lhe aprouvesse, e os outros três meses em estado de inanição ou sonho.

Assim vemos a grande poesia dos séculos: o "Deus" se ausenta três meses, vai ao reino das trevas e é esposo de sua rainha Birsafone; na primavera volta a ser esposo de Afrodite; no outono se liberta do calor do verão até a chegada do frio do inverno.

Esta é a grande lenda sumeriana-babilônica-fenícia com todas as suas transformações poéticas.

A festa do deus da lenda também se transformou. Os Fenícios choravam Adônis e lamentavam sua morte na primavera de cada ano; agora, no entanto, vemos que a festa durante a civilização grega transformou-se em festa de alegria, porque Adônis voltou à vida, ressuscitou para o amor, para o amor eterno, amor à Ichtar, deusa da lua, deusa da fertilidade e da beleza. Representavam-na levando o fuso e o cetro, com uma auréola de luz ao redor da cabeça, com um cinturão de ouro e numa carruagem puxada por dois leões.

A Festa Adonisíaca era celebrada em vários lugares da Grécia e em Biblo desde o século quinto antes da era cristã. Os velórios eram, às vezes, terminados com atos de concupiscência.

Adônis era chorado e glorificado na festa grega — na festa da morte e da vida. A morte, a ressurreição e a imortalidade, como anteriormente em Ur e Lagach, eram a origem da lenda, que passou depois aos romanos. Permaneceu o nome de Adônis, mas o de Ichtar foi trocado pelo de Vênus.

Os romanos tinham também na Ásia Menor outra lenda cujo deus era Atis, lenda esta igual à do deus Adônis em algumas partes. Em Babel adquiriu o estado teologal, que é o seguinte:

A mãe casa-se com o filho; o pai dele o mata e brota a flor violeta de seu sangue (na lenda de Adônis brota a dormideira de seu sangue); a amante foge, chorando o filho e o esposo.

Ovídio diz: o amor da mãe era puro (origem sumeriana); é a mãe virgem.

Os povos chamados pagãos (o romano e o fenício) amalgamaram as duas lendas em uma: Zeus enviou o javali para matar Atis; os atisianos adotaram dos gregos as festas de Dionísio (Bajos ou Baco), o romano, deus do vinho, e assim se misturaram a luxúria e a concupiscência com as manifestações do pranto e da tristeza.

Essa união ou unidade entre os dois deuses adaptada pelos sacerdotes ocorreu por motivos políticos, e assim, Adônis compartilha, com Mardoc a mesma divindade. Depois, Dionísio com Adônis, Ichtar com Janon, filha de Zeus, deus dos deuses. Os egípcios aumentaram mais dois: Marcad, deus dos bailes e da alegria, e Bes, deus dos banquetes.

Porém, o que adquiriram da imortal lenda foi o culto a Ísis e Osíris, que tem duas histórias.

A primeira diz que Osíris, deus do mundo inferior, foi assassinado por seu irmão Shet ou Mist, e que Ísis, irmã e esposa de Osíris, apoderou-se do cadáver e o levou ao deus Íbis, um dos deuses do mundo inferior, para celebrar os funerais, onde aconteceu o milagre. O milagre está revestido com uma lenda típica egípcia que diz que os sacerdotes com sua magia devolveram a vida ao cadáver de Osíris, o qual seguiu conquistando o mundo inferior e se fez o maior dos deuses, isto é, o deus dos mortos.

Os egípcios viam em Ísis o maior ideal de mãe e esposa, e em Hórus, seu filho, viam o melhor dos filhos, e assim vemos que se voltou à origem sumeriana do filho acolhedor e obediente.

A segunda lenda diz que Osíris era o deus da agricultura. Assim como Atis que nasceu ou brotou de uma árvore (pinheiro), e como Adônis de cujo sangue nasciam as dormideiras, ele tem também sua origem síria, entrou no Egito com os reis pastores (Hiksos), nacionalizou-se em seguida, compartiu a divindade com Bafometos, o bode que era adorado naquela época; depois se fez companheiro de outros dois deuses de Mênfis: o touro e o corvo.

Ísis veio à Síria em busca do corpo de seu marido assassinado, o qual juntou num caixão de madeira de cedro em Jubail (Biblo). Osíris foi morto pelo seu irmão Tifon, despedaçado, e seus pedaços foram lançados a diferentes partes da Terra. Ísis teve que buscá-los em todas as partes, reuniu-os, mas não encontrou o "falo", tendo, então, que fabricá-lo com um ramo de árvore sicômoro.

Todos os deuses egípcios têm cabeças de animais, exceto Osíris e Ísis, que são irmãos.

As tradições arraigadas da lenda dizem que Osíris, assim como Adônis e Tammuz, ressuscitava cada vez que brotava a semente, isto é, na primavera.

Todos os povos extintos nos deixaram o costume de semear algumas sementes em recipientes de barro antes da primavera, e estas sementes brotam, servindo, assim, de símbolo da verdade da renovação e da imortalidade. Até a época presente continuam praticando este costume, que data de há seis mil anos; os cristãos o praticam na Páscoa da Ressurreição, e os maometanos no princípio da primavera: em ambas as maneiras representam a lenda em seu significado eterno, que embora tenha adquirido muitos nomes, permaneceu igual em seu valor íntimo.

Desde os sumerianos aos babilônios, aos fenícios, aos egípcios, aos gregos, aos romanos, vemos que Dammuzy e Innini se transformaram em Tammuz, que Adônis e Osíris são descendentes da Dammuzy, o sumeriano, e que Ichtar, Ísis, Afrodite e Vênus descendem de Innini, a sumeriana; todos têm o mesmo significado original: o amor e a dor, a morte a salvação, a ressurreição e a imortalidade.

Porém, o amor se transformou com o tempo, como a lenda: no princípio era puro, depois se fez corrompido. A esposa era: esposa-mãe, esposa-mãe-virgem, esposa-irmã; a esposa que é irmã e mãe são três e as três em uma: Ichtar e Ísis.

Esta lenda tomou o colorido da teologia com os egípcios e fenícios pelo domínio dos sacerdotes nos dois povos.

Estes cultos e adoração à deusa Mãe e a seu filho — à natureza e à primavera — e aqueles dogmas da morte, da ressurreição e da salvação, são a origem de muitas religiões do mundo atual, e entre elas o cristianismo que está baseado na Deusa-Mãe, no Deus Redentor, na ressurreição e na imortalidade.

1. Simbologia do 4º grau de mestre secreto

1. O 4º grau de mestre secreto é considerado e designado com o número 3 e $1/2$. Muitos autores querem explicar este símbolo, e cada um o interpreta à sua maneira. Todos se aproximam do centro, com muita felicidade, por suas interpretações, porém ninguém tocou o "branco" (alvo). Três e meio significam a metade do período da iniciação porque, segundo as leis iniciáticas, todos devem praticar em si mesmo as sete iniciações, para chegar a super-homem ou mago. São João em seu *Apocalipse* repetiu várias vezes esta alegoria, com distintas expressões como: "QUARENTA E DOIS MESES", "TRÊS ANOS E MEIO", e muitas outras. Isto significa que o iniciado, em seu mundo interno, necessita de sete anos, idade do mestre maçom, para chegar à compreensão da Verdade; isto significa o Nº 3 e $1/2$ do grau de mestre secreto. (Ler a obra *Rasgando Velos o la Revelación del Apocalipse*, do mesmo autor.)

2. No entanto, e apesar de seus sete anos de estudo, o mestre maçom continua "PERDIDO". Por conseguinte, durante os SETE ANOS (tal como significam as palavras e o número) pôde escalar ao magistério simbólico, porém

não chegou ainda ao CENTRO DA UNIÃO COM O ÍNTIMO que é o PRINCÍPIO e o FIM, o ALFA e o ÔMEGA.

A ACÁCIA OU O SENTIR DA IMORTALIDADE encontra-se no Centro, no próprio corpo TEMPLO do homem, na TUMBA DE HIRAM.

A idade do Aprendiz é de três anos; a do Companheiro é de cinco; a do mestre, sete; e, agora, a do mestre secreto é DEZ. Isto nos demonstra que o Iniciado deve dedicar toda sua vida à Obra, e que os anos não têm conta em seu trabalho e em sua busca.

Pois bem, o que busca o mestre perdido para chegar ao mestre secreto?! Ele está buscando ao HIRAM, ao SOL ESPIRITUAL, ao EU SOU, que "morreu" e desapareceu nas trevas do norte, da matéria, do corpo denso, pela conspiração da ignorância, da ambição e do egoísmo.

3. O CORPO É O SEPULCRO DE HIRAM. O mestre perdido deve entrar no sepulcro do MESTRE DESAPARECIDO, isto é, todo Iniciado tem que entrar em seu mundo interno, para buscar a LUZ INEFÁVEL que se encontra na câmara do meio ou centro de seu ser. Esta luz é a única que pode orientá-lo na busca da verdade.

O sepulcro de Hiram, do EU SOU, está dentro do corpo. Depois de sete anos de aperfeiçoamento em dominar todos os desejos inferiores, deve buscar ao EU SOU no CENTRO.

O mestre perdido é como o neófito; ambos têm câmaras internas, onde devem buscar e encontrar a luz interna.

O mestre, na câmara do meio, encontra os emblemas da morte, mas, pelo seu aperfeiçoamento sabe que a morte daí em diante o conduz à ressurreição e à vida, porque encontrou a urna de ouro que contém as cinzas e o coração embalsamado de Hiram.

O coração nobre e cheio de amor nunca deixa de existir.

Nesta URNA DE OURO, onde jaz como em um sepulcro, a realidade "EU SOU", desconhecida pelo profano, permanece como em um sepulcro, nas trevas da ignorância — que é como o reino da morte e das sombras; manifestar-se-á com toda a sua potência, quando a mente consciente rasgar o véu de sua ignorância com a verdadeira luz da sabedoria, e então, e só então, o mestre perdido se tornará mestre secreto e perfeito.

4. O coração é o objetivo da busca do mestre secreto na Tumba de Hiram, que representa o corpo físico. Mas DEVE ENTRAR NO CORAÇÃO POR MEIO DO PENSAMENTO E SUAS MODALIDADES, COMO A MEDITAÇÃO, CONCENTRAÇÃO, A IMAGINAÇÃO etc.

O ser humano se imagina como pensa, pensa como sente e sente como deseja.

A Imaginação é o pensamento sustentado, que fortalece a vontade que pode dominar, sem dificuldade, a natureza física, e assim, em curto tempo, o homem alcança o conhecimento da verdade. Quem consegue dominar a mente pela imaginação, adquire um poder com o qual é capaz de dominar todas as forças do Universo, e poderá dominar os fenômenos da natureza.

A mente divina é a soberana dos cosmos, e quando o homem entra em contato com essa MENTE, por meio da imaginação, os seus poderes são divinos.

Quem se abstrai do mundo externo e dirige sua concentração ao mundo do Íntimo, reconhece a única verdade do Universo. O conhecimento de que o ÍNTIMO tudo penetra, emancipa o homem da escravidão da ignorância.

Tudo o que existe é a imagem projetada da mente do homem, PORQUE, QUANDO O ABSOLUTO QUER CRIAR, VALE-SE DA IMAGINAÇÃO HUMANA, E ESTA É A CAUSA DA DIVERSIDADE NA UNIDADE.

O pensamento é o primeiro elemento do Íntimo em sua potência criadora; é o Pai criador do céu e da terra.

Todo pensamento que chega a ser uma ideia fixa e definida na mente do homem, converte-se em força ativa e objetiva-se ou realiza-se no mundo físico.

O pensamento é a causa de todo o criado no mundo mental, que dá o material necessário para a realização no mundo físico. A ideia no mundo mental plasma-se até nas feições do homem, porque "TAL COMO O HOMEM PENSA EM SEU CORAÇÃO, ASSIM ELE É", disse o sábio.

Para que os pensamentos se tornem realidade, necessitam de uma atividade relacionada com certos ciclos cósmicos.

Os ciclos cósmicos dependem de leis superiores, as quais não podem ser infringidas sem as consequências inevitáveis. Por tal motivo, a MAÇONARIA divide seus ensinamentos e estudos em graus, que, paulatinamente, efetuam seus resultados no homem.

2. O gênesis

5. No princípio Deus (o Íntimo) criou o céu e a terra (emanou de Si o Espírito e o corpo). Porém, a terra (corpo ou matéria primordial) estava despida e vazia (do espírito de vida) e as trevas estavam sobre a face do abismo (porque o verbo não se havia feito carne); e o espírito de Deus era levado sobre as águas. (A vontade do Íntimo era que seu espírito fosse introduzido na matéria primordial para que se forme o corpo).

E disse Deus: "Seja feita a luz", e a luz foi feita (isto é, que penetre o Espírito na matéria para a manifestação).

E viu Deus a luz (a manifestação) que era boa; (conforme a Lei) e separou a luz das trevas. (Apesar de que o espírito divino se vai velando na medida de sua descida na matéria até ao ponto em que mal se pode reconhecer sua divindade, conquanto não deixe de estar presente essa energia, ainda que a limitem as formas finitas).

Para melhor compreender estes formosíssimos versículos, podemos traduzi-los desta maneira:

No princípio o Íntimo, ao dividir-se ou fazer-se dois para manifestar-se, emanou de si o PENSADOR, PAI E CRIADOR do céu e da terra, ou melhor, o MODELADOR, o Grande Arquiteto do Universo.

Quando o Pai ou PENSADOR concebe um pensamento, produz o primeiro movimento chamado Espírito Santo, o dispensador de vida no seio da VIRGEM MARIA (matéria primordial). Esta ação ou movimento de gloriosa vitalidade desperta os átomos e dota-os de nova força de atração e repulsão. Assim se formam as subdivisões inferiores de cada plano.

Na matéria assim vivificada, nasce o Filho, segunda pessoa da trindade, faz-se carne, reveste-se de forma, nasce da Virgem. Assim, pois, a vida emanada do Pai pensador, penetra vibrando na matéria e serve de vestimenta ao Filho, e diz-se: "Nasce do Espírito Santo e da Virgem Maria", e os três formam o templo de Deus Íntimo no homem.

Quando o pensador no homem emite seu pensamento, este o convida a agir, e o saber é "o conhecimento das causas que produzem os atos".

Este é o objetivo da vida, juntamente com o desenvolvimento da vontade aplicada ao resultado da experiência que nos conduz pela senda da luz.

6. COMO E ONDE?

O Íntimo inefável e absoluto tem na cabeça três pontos, cada um dos quais é o assento particular de cada um dos três aspectos.

O primeiro aspecto, o Pai, domina exclusivamente a cabeça; o segundo rege o coração, ao passo que o terceiro domina no sexo.

É necessário meditar detidamente sobre isto para compreender estudos posteriores. Na realidade, não há mais que um só Íntimo; porém, olhado do mundo físico, retrata-se em três aspectos.

O Pai tem seu assento num átomo, chamado o átomo do Pai, que se acha num ponto impenetrável da raiz do nariz ou espaço interciliar, e seu reino está na cabeça; reflete-se no fígado, centro da emoção. O Filho tem seu assento num átomo, na glândula pituitária e seu reino está no coração, regente do sangue que nutre os músculos.

O Espírito Santo, cujo átomo está colocado na glândula pineal, domina sobre o cérebro-espinhal até as glândulas sexuais.

O Pai na raiz do nariz é o poder criador e pensador. Tem a seu cargo os movimentos voluntários.

O Espírito Santo é o poder criador pelos movimentos involuntários como a digestão, assimilação, circulação etc.

O Filho no coração tem o poder criador pelo conhecimento e pelo amor.

A mente como instrumento para aquisição do conhecimento é inestimável quando obedece ao Íntimo para governar por meio de seus três aspectos; porém a mente está limitada pelos desejos e submersa na egoísta natureza inferior, tornando difícil que o Íntimo possa governar o corpo.

Quando a mente recebe influência do mundo interno, convida à quietude e à concentração, porém o corpo mental é constituído e influenciado pelo mundo externo; tende a expressar-se por meio dos músculos criados pelo corpo de desejos que formam um caminho reto até a mente pronta a aliar-se ao desejo. Isto é o que estorva o Íntimo e o priva do poder de manifestação por meio do movimento voluntário do organismo. Então o Íntimo toma outro caminho para o domínio do corpo e vale-se do átomo do Espírito Santo na pineal; porém este que domina o sistema cerebral e o sistema nervoso simpático tem um grande contendor que se acha na base do sistema: é o inimigo secreto que domina a parte inferior do sistema, defende-a e faz dela um sistema involuntário; de maneira que os atos voluntários estão sob o domínio da mente e os involuntários são regidos pelo inimigo secreto, criador do instinto e da sensação.

Então, nada mais resta ao Íntimo que dominar o átomo do filho no coração, porque este órgão participa, ao mesmo tempo, dos atos voluntários da mente e dos involuntários do sistema nervoso. Este é o único órgão do corpo que possui os dois movimentos e é o mais obediente ao Íntimo.

Como a obra ativa do Íntimo está no sangue para alimentar quer o organismo quer o sistema nervoso, sobra vida a estes, e o sangue se converte no veículo da memória subconsciente que mobiliza toda a máquina humana.

Ora, o sangue passa ciclicamente pelo coração, comunicando-lhe a vontade do Íntimo cada vez que por ele passa, e assim o coração se converte em foco do amor altruísta e ao mesmo tempo órgão do pensador. Por isso se diz: "Tal o homem pensa em seu coração, tal ele é", e por isso, na Bíblia fala-se muitas vezes do coração: "Filho meu, dá-me teu coração". "E este povo honra-me com seus lábios, porém seu coração está longe de mim etc."

Quando o pensamento e o amor se reúnem no coração, convidam o homem, por meio dos impulsos intuitivos, a agir, e suas obras serão sempre boas porque são filhas da sabedoria e do amor cósmico.

O reino de Deus está dentro de nós, isto é, os três aspectos do Íntimo que se manifestam no poder, amor e realização, reúnem-se no coração do homem.

7. PENSAR NO CORAÇÃO

O primeiro pensamento do homem é o impulso do coração, que nos conduz à fraternidade universal. O átomo Pai está sempre dando bons conselhos aos átomos mentais, porém aqui está precisamente o começo das complicações.

Quando o espírito pensador no homem dá o bom conselho pela primeira impressão ou impulso do coração, o cérebro começa a raciocinar, resultando, na grande maioria dos casos, em domínio do coração.

A mente e o corpo de desejos frustraram os desígnios do espírito; ambos tomam a direção dos fatos e, como ambos carecem de sabedoria divina do coração, o corpo e o espírito sofrem as consequências. Então, o pensamento destrói certos tecidos nervosos e o desgaste ataca o corpo e necessita de tempo para ser restaurado pelo sangue, veículo do Íntimo; porém, isso significa um retrocesso na evolução. Quando o coração se converte em órgão completamente dócil ao Íntimo e em músculo voluntário dele, a circulação do sangue ficará sob o domínio do único Deus no homem, o espírito do amor, que então impedirá, à vontade, a entrada dos átomos egoístas que fluem do cérebro e da base da espinha dorsal, resultando que esses átomos se irão afastando do homem pouco a pouco.

Com o tempo, o Íntimo aumentará no sangue os átomos altruístas e, com eles, vigorizará o sangue, seu veículo, e dessa maneira, dominará perfeitamente o coração com seu amor divino; então a natureza passional será conquistada e a mente libertada dos desejos e assim o homem se converterá numa lei e será UNO COM ELE. Havendo-se conquistado a si próprio, conquistará então a todo o mundo.

Porém, uma vez que a mente começa a raciocinar contra a voz do coração, a inteligência se vê envolta em substâncias de átomos densos que destroem sua comunicação com o Deus Íntimo. A atmosfera desses átomos densos é a residência do demônio oculto no homem; é a esfera inferior da natureza humana.

Nessa atmosfera o demônio tem esfera própria, onde ensina à mente o raciocínio, a crítica e a dúvida para destruir a força da intuição.

O Pai envia-nos da fronte os bons pensamentos que formam a intuição no coração, ao passo que o Átomo do Inimigo oculto nos manda os maus da base da coluna vertebral e estes formam a dúvida na região do umbigo, centro mágico, donde surge a fortaleza do homem. Neste centro se trava a tremenda luta entre o temor e o valor, entre o positivo e o negativo; se o bem triunfa sobre o mal, diz-se que o Anjo Miguel derrota o demônio e o funde nas profundezas do inferno de nosso ser, porém, se o mal prevalece, arrasta-nos a esse inferno.

A palavra é o pensamento manifestado, cujo objeto é afirmar ou vestir o pensamento com roupagem adequada. Quando, durante a concentração mental (que é vibração dirigida a um só objeto), se emprega a palavra, as vibrações da voz despertam as atividades dos centros ocultos no homem e nos põem em contato com os senhores da mente que obedecem à voz do verbo.

3. O coração da pirâmide

8. Um dos emblemas do grau, que se relaciona com o sepulcro de Hiram, é a pirâmide do Egito. Este monumento é a cópia científica do corpo humano e do Universo com suas leis. É um verdadeiro templo de sabedoria e iniciação. É templo construído sobre o quaternário: os quatro elementos da natureza (ver o mistério do quaternário em nossa obra *4º Grau de Companheiro*).

Partindo de um PRINCÍPIO ou vértice unitário, por meio de um ternário, manifesta-se a Pirâmide em seu quádruplo aspecto, em suas quatro faces, para representar os doze signos zodiacais, ou as doze faculdades do Espírito.

A forma da pirâmide e da tumba de Hiram são os emblemas do sepulcro de Cristo no coração (para os que não acreditam em Cristo, diremos "DA REALIDADE, DA VERDADE") que é unidade, dualidade, trindade, quaternário, quinário etc. como foi explicado anteriormente.

Quando o mestre perdido encontra o centro, pela compreensão do significado interior e exterior do sepulcro de Hiram, então já pode encaminhar-se com firmeza e segurança nas novas etapas do adiantamento que o esperam na senda da perfeição.

9. TUDO É VIDA

Depois do iniciado verdadeiro entrar na tumba de Hiram, na tumba do EU SOU, no corpo, então se encontra a si mesmo no próprio sepulcro, ou mundo interno. Na qualidade de mestre perdido, traz consigo a urna de ouro, que contém o coração de Hiram onde mora o "EU SOU A RESSURREIÇÃO E A VIDA", e onde está a chave de marfim, que é o símbolo do saber iniciático que abre a sepultura, até chegar ao princípio da vida. Depois que sai do mundo interno, ou sepultura, pode então entender, com Malatios, "iguais são a vida e a morte, porque a morte não existe". Com estas palavras, já responde às primeiras perguntas que lhe serão dirigidas:

— Que conceitos tendes da vida?

— Que ideias tendes sobre as diferentes formas da manifestação?

— Credes que a vida pode cessar com a existência da morte?

Desta forma, o mestre secreto chega a saber que a morte não pode existir porque, para morrer, deve ter nascido, e para nascer deve ter existido ou tido preexistência; logo, o que tem preexistência sobrevém à manifestação exterior, que é a morte.

Assim, a tumba de Hiram, ou o nosso corpo, é o templo da vida una, embora nosso intelecto possa não compreender o que seja a vida, nem sinta sua manifestação.

10. A PRIMEIRA VIAGEM

Para efetuar o reconhecimento do mundo interno ou entrar na Tumba de Hiram, deve o mestre realizar sua primeira viagem, que simboliza esta entrada.

Nesta viagem, examina os quatro ângulos do Templo, onde se veem quatro colunas sustentando as estátuas das quatro divindades: Minerva e Apolo, no Oriente; Hércules e Vênus, no Ocidente. Estas quatro Divindades simbolizam: a SABEDORIA, a ILUMINAÇÃO, o PODER e a BELEZA. Também simbolizam os quatro verbos do mago: SABER, OUSAR, QUERER e CALAR.

Minerva é a Deusa da Sabedoria, primeira condição do mestre secreto; Apolo é o Pai da Luz, que ilumina o mestre, para saber ousar; Hércules é o poder do sábio iluminado, que triunfa sobre suas debilidades humanas; Vênus é a beleza e o amor divino, no mestre secreto, que trabalha silenciosamente, nas trevas da ignorância, e salva a humanidade.

11. A SEGUNDA VIAGEM

Na segunda viagem o mestre secreto pode entrar no Santo Santorum, isto é, no TEMPLO DO DEUS VIVO NO CORAÇÃO. Neste templo não podem entrar iniciados dos graus simbólicos anteriores, porque não triunfam ainda sobre si mesmos.

Da Porta do Templo se irradia Luz Branca de Sheknah, que demonstra a fusão de todas as cores na Unidade; dois pilares delimitam a porta: um tem o número 9, e o outro, o 10.

O número 9 é o princípio da luz divina criadora, que ilumina o pensamento, o desejo e a Obra do mestre secreto. Esta luz está no coração do homem-Deus, que exteriormente expressa a Obra de Deus, no Ser que trabalha e adora, silenciosamente, como o faz o mestre secreto.

O número 10 é a criação pela DUALIDADE, como veremos depois. Já temos explicado o significado das três cores da luz no tabernáculo, quando falamos da iniciação hebraica e, também, o que simboliza a luz branca (Ver *1º Grau de Aprendiz*, de nossa autoria).

O mestre perdido encontra no Oriente um delta luminoso dentro de um círculo; isto simboliza o infinito, que se manifesta por seus três aspectos, ou trindade, dentro do próprio homem. Dentro do delta brilha uma estrela resplandecente, símbolo da diferenciação humana de Deus, por sua individualidade. Dentro da estrela, no centro, acha-se um ponto de luz, que interpreta o princípio da manifestação.

Neste centro se vê uma serpente que morde sua própria cauda, símbolo da faixa zodiacal, que envolve nosso sistema solar; no homem, representa as doze faculdades do espírito, visitadas periodicamente pelo sol interno, para vitalizá-las. Esta serpente toma a forma da letra "G", por seu torvelinho de luz, e representa o VERBO MANIFESTADO pelas nove musas ou divindades no homem.

A letra "G" se transforma, dentro de um nimbo azul, em olho divino, ou olho interno da vidência no mestre secreto.

Depois, o olho e o nimbo azul (religião do Pai) se transformam numa luz amarela (religião do Filho, que é saber), e a pupila luminosa, se manifesta como a décima letra hebraica, que é YOD (ver 1ª iniciação hebraica, no *1º Grau de Aprendiz*, bem como o significado da letra "I" ou YOD, na *Magia do Verbo*, inserida no *2º Grau de Companheiro*).

Depois, este YOD se transforma em THET, nona letra semítica, que significa, entre outras interpretações, o princípio da conservação pelo amor, como ato puro e sem desejo.

Aqui termina a visão do mestre perdido. Em seguida, o círculo luminoso se torna negro; desaparece o delta com a estrela, e fica no centro somente uma chave branca, que descansa sobre a letra "Z"; esta, por sua vez, se separa dos dois lados da chave como um alfa e um ômega.

A chave é a razão, princípio da sabedoria infinita, e descansa sobre a letra "Z", que simboliza a arma do PODER CRIADOR, que é o princípio e fim de todas as coisas.

12. A TERCEIRA VIAGEM

Nesta viagem, o mestre perdido tem que descer do Oriente para o Sul, isto é, tem de imitar o Pai Sol, que derrama sua luz e energia para dar vida à fecundidade.

Nesta viagem aparece a ARCA DA ALIANÇA, outro símbolo do homem, na qual estão escritas as leis divinas e cujo altar simboliza a mente do coração, como veremos depois. Em seguida, se vê a chave (pensamento concentrado) com a qual se abre a arca. A arca tem, também, o símbolo da tumba de Hiram, onde é sepultado o homem em cada vida, e onde se acredita que esteja morto o mestre interno, quando desaparece da vida externa, durante o inverno.

Mas o mestre secreto sabe que a morte não existe, e assim como a terra volta à vida na primavera, assim também a semente sagrada, na matriz da natureza, que é o santuário, reverterá à vida.

O mestre secreto tem que SEMEAR TODO O BELO, ÚTIL E PERFEITO.

13. A ARCA DA ALIANÇA

Na iniciação hebraica ela simboliza o homem e a matriz da natureza.

Esta arca está iluminada pelo candelabro de sete luzes, que se referem aos sete centros vitais luminosos no corpo do homem, como já foi explicado no *Grau de Mestre*.

O homem é a miniatura da arca da aliança. Os dois princípios do poder criador, masculino e feminino no homem — origem da manifestação da vida — estão representados pelos dois querubins de ouro, ajoelhados em adoração, um em frente ao outro, com as asas abertas, encontrando-se sobre suas cabeças.

A coroa de ouro, que adorna a arca, é o símbolo dos pensamentos, aspirações e ideias elevadas.

O mestre secreto conduz a chave branca, para abrir a arca e verificar o que ela contém, isto é, trata de penetrar em seu mundo interno para conhecer a si próprio, por meio do conhecimento intelectual. Porém, teme quebrar a chave, devido à fragilidade do material, e por isto, é necessário fazê-la de ouro, prata e cobre.

Estes três metais representam a FÉ, a ESPERANÇA e a CARIDADE, como foi explicado no *Grau de Mestre*.

Dentro da arca, ou homem, encontram-se as duas Tábuas da Lei; no subconsciente do homem estão gravados os seus três deveres para com Deus, e em sua consciência objetiva, os sete para com o seu próximo.

Há, também, dentro da arca, um pote de Maná, símbolo da MENTE que desceu do céu do Íntimo ao corpo humano, enquanto este se encontrava perdido no deserto da matéria.

Há, ainda, na arca, a VARA DE AARÃO, isto é, o PRINCÍPIO CRIADOR, que começa na glândula pineal e termina no sacro, ou órgão sagrado, que vitaliza o SEXO.

As Tábuas da Lei, atribuídas a Moisés, existiram desde a formação do mundo, e estas Leis foram gravadas no coração do homem, como disse são Paulo; também o foram sobre pedras, cinco mil anos antes de Moisés.

14. A QUARTA VIAGEM

O mestre secreto, na quarta viagem, descobre o problema da quadratura do círculo.

A cruz dos elementos, com seus quatro braços, é a expressão tetrágona da personalidade. Esta personalidade cruz, para voltar à unidade com o infinito, que é o círculo, tem que girar na eternidade da vida; o fogo de seus braços, em seu movimento circulatório, converte-a em CRUZ

SUÁSTICA. Esta é a explicação moral da quadratura do círculo.

A pedra cúbica, ou perfeição individual, no meio do círculo da vida, é a quadratura do círculo. Dentro da pedra se encontra o sepulcro de Hiram, com seu coração palpitante. É a arca da aliança entre Deus e o homem.

O delta com a estrela, que se encontra acima das asas dos querubins, representa o verdadeiro mestre secreto, ou o homem Deus.

15. O JURAMENTO

O mestre secreto tem que jurar cumprir as seguintes promessas:

1º Não revelar os segredos dos trabalhos do santuário e os mistérios do grau.
2º Estudar para conhecer melhor a si mesmo.
3º Ratificar sua promessa de trabalhar sempre para o bem.

16. O CORAÇÃO RESSUSCITADO

Com a iniciação interna, o mestre secreto se faz digno de trasladar o coração de Hiram, isto é, obtém o poder de ressuscitar o coração de sua letargia, no sepulcro da inconsciência pessoal, e oferecê-lo na ara do PAI.

O mestre de cerimônias, ou anjo-guia interno, o faz voltar sobre o traçado de sua viagem precedente, e o conduz até o sepulcro que está simbolizado pela pedra cúbica com o vértice para cima, símbolo do corpo aperfeiçoado e dominado pelo homem, TRINDADE SOBRE OS QUATRO ELEMENTOS. Assim, o homem se faz onipotente, com seu coração cheio de amor e justiça.

O amor do coração deve manifestar-se no Ocidente, mundo da manifestação material.

O laurel ou a oliveira (glória) que o adorna, são a vitória sobre si mesmo e a paz na vida espiritual e física.

Adonhiram — o senhor da vida sublime — acompanha-o com o mestre de cerimônia em sua viagem direta do Ocidente ao Oriente, enquanto os demais mestres o defendem dos espíritos perturbadores, com a abóbada de aço.

Deposita sobre a pedra cúbica a urna de ouro, que contém aquele coração puro de Hiram, isto é, oferece o próprio coração como holocausto sacrificado sobre a ara do Pai em prol da obra divina.

A trasladação do coração de Hiram, ou do próprio recipiendário, faz-se em sentido vertical e verifica-se do centro da pedra cúbica, ou corpo humano, para cima. É o mesmo sucesso que se produz na iniciação, no mundo interno. O coração eleva-se ao Íntimo e converte-se em um instrumento obediente a seus mandatos.

17. A CONSAGRAÇÃO

Colocado o coração sobre o altar do Íntimo, como holocausto, o mestre secreto ajoelha-se e estende suas mãos por cima da urna de ouro. Aí, então, recebe quatro golpes misteriosos, que lhe transmitem o poder dos quatro verbos da magia: SABER, OUSAR, QUERER e CALAR.

18. O CETRO
O mestre secreto converte-se em rei, neste grau, e, ao invés do malhete, empunha o cetro.
O cetro representa a letra YOD, que é o poder do mago. Desta letra falaremos depois, na *Magia do Verbo*.

19. A MARCHA DO GRAU
Esta marcha está composta por quatro passos, reproduzindo as quatro viagens da peregrinação, realizadas pelo mestre secreto, de acordo com os pontos cardeais. Estes quatro passos representam as quatro estações do ano, bem como da vida humana, da iniciação e da quadratura do círculo de nossa vida individual.

20. OS SINAIS DO GRAU
São quatro os sinais do grau:

1º "O CALAR", porque "aquele que sabe não fala, e aquele que fala não sabe nada". Quem não domina sua língua, não pode dominar a si mesmo.

2º "A ADORAÇÃO", elevando as mãos por cima da cabeça para receber, por meio de suas antenas — os dedos —, a força divina, e, ao mesmo tempo, oferecê-la à humanidade. No 4º grau, o mago deve usar esta força ou agente magnético, para dominar seus instintos nas forças criadoras da geração, e convertê-los em poder de REGENERAÇÃO.

3º "O SINAL DO ARCO DA ALIANÇA", que se faz com as duas mãos juntas sobre o epigastrio, é o emblema da obediência e fidelidade, e, ao mesmo tempo, o de ordem do grau.

4º "O SINAL DE RECONHECIMENTO": os pés e os joelhos se juntam; os pés se dirigem para o ideal e os joelhos se dobram em atitude de devoção. O movimento da mão direita demonstra que no coração se encontra a lei divina, que deve dirigir nossa vida.

Os quatro sinais representam o objetivo dos quatro graus: o silêncio do aprendiz, para purificar-se e elevar-se; a realização devota do companheiro; a fidelidade e perseverança do mestre; a expressão da luz pura do coração do mestre secreto.

21. O TOQUE
O toque deste grau chega até ao cotovelo; simboliza a arca da aliança: os dois polegares levantados representam os dois querubins, um em frente ao outro, e que se tocam em *cima* pelas extremidades de suas asas.

O símbolo do toque nos ensina que devemos, como os querubins, adorar e defender o coração divino que está no pote do ouro — que é o peito — de todo pensamento e desejo destruidores de sua pureza, a fim de elevá-lo verticalmente ao altar do EU SOU, que se manifesta em trindade, na CABEÇA ou CÉU.

22. A PALAVRA DE PASSE
Palavra do grau foi interpretada com muitas significações, porque, no idioma semita, as vogais são subenten-

didas e não estão escritas nas palavras. Para nós a palavra de passe tem um só significado.

"ZHR" se escreve e se pronuncia "ZAHR". Também pode ser pronunciada "ZOHR", "ZOHAR" etc., e cada pronúncia tem um significado diferente; mas a palavra mais adequada para o grau e o sentido mais acertado para a PALAVRA DE POSSE É "FLOR".

Assim como a flor brota do seio da terra, assim também o homem, depois de seu aperfeiçoamento, nasce com sua luz do seio da matéria densa e grosseira; brilha, como uma luz, nas trevas.

23. As três letras da palavra de passe significam o seguinte, segundo a *Magia do Verbo*:

"Z" é evocar a espada flamígera, e desejar que sua vitória seja completa e perfeita, por "Z" ou "ZAIN" significa flecha ou espada.

"H" é o *homem estrela flamante*, é o triunfo do espírito sobre os elementos.

"R" é a ressurreição na transmutação, é o despertar do Espírito, é a ressurreição do mestre secreto, ou do coração na "tumba de Hiram".

Assim vemos que cada uma das letras da palavra de passe significa triunfo sobre a morte. Logo, as três letras significam e simbolizam: mão, peito e cabeça. O Mago deve PENSAR ALTO, SENTIR PROFUNDAMENTE E TRABALHAR RETAMENTE.

24. O AVENTAL DO MESTRE SECRETO
Deve ser branco, forrado de preto, o que significa: "das trevas à Luz". Leva um olho divino bordado na lapela, que é o despertar do olho interno ou sexto sentido. Leva, também no bordado, uma pedra cúbica dentro do círculo: é a autossuperação nos três mundos, é a quadratura do círculo. O avental é ainda debruado de verde, assim como a cor da faixa que é a cor calmante e vivificante da natureza.

Os dois ramos do laurel e da oliveira significam a VITÓRIA E A PAZ: ambas devem ser internas e externas, o que se consegue pelo triunfo do espírito sobre a matéria.

25. A JOIA
É uma medalha que, no meio, leva incrustada a chave de marfim, que abre a urna de ouro e a arca. É o símbolo do poder interno, cuja capacidade dá o privilégio de penetrar no ponto central, entre o esquadro e o compasso, ONDE SE ENCONTRA TUDO O QUE FOI PERDIDO... O reverso da medalha leva dentro do círculo a letra hebraica YOD, cujo significado é muito misterioso e o número "10" se refere a este grau, como veremos depois. Sobre estes dois símbolos temos ainda muito que dizer.

4. Filosofia esotérica do 4º grau

26. Todos os maçons devem aprender as sete artes que a Maçonaria encerra. Sem este requisito, ninguém será um verdadeiro e *completo* maçom.

A GRAMÁTICA é o estudo das letras e dos números conjuntamente, porque cada sinal ou letra representa um número, como temos visto. O estudo das letras nos conduz à magia prática.

A LÓGICA E A MATEMÁTICA seguem juntas, porque sem a lógica não se pode entender os princípios da matemática. ENTÃO A LÓGICA MATEMÁTICA NOS CONDUZ AO CONHECIMENTO DA VERDADE, E À DEMONSTRAÇÃO PRÁTICA.

A RETÓRICA é a expressão lógica dos sinais ou letras que realizam o poder do verbo, sem a qual não se pode expressar devidamente os princípios da matemática.

A MÚSICA E A ÁLGEBRA se completam e se identificam.

A ASTRONOMIA também se completa com a mecânica, tanto cósmica como geral.

Como vemos, a matemática é a ciência exata, que colabora com todas as artes; quanto mais nos firmarmos nela, mais confiantes e seguros estaremos. Por este motivo Pitágoras dizia: "Aqui não entram os que não sabem Geometria".

A FILOSOFIA INICIÁTICA não pode ter outra base senão a que lhe oferecem os princípios matemáticos, como a base da ciência, e desta forma, esta filosofia é CIÊNCIA MORAL E CIÊNCIA EXATA DO ESPÍRITO.

27. IDADE DO MESTRE SECRETO
O aprendiz tem a idade de três anos, durante os quais se deve estudar seus três mundos e suas três artes.

O Companheiro tem a idade de cinco anos, ou o estudo de si mesmo, como espírito, que domina sua matéria e se converte em estrela microcósmica.

O mestre tem sete anos, que constituem o estudo completo de seu mundo interno, de seus sete centros vitais, para adquirir as sete virtudes e dominar os sete vícios...

A idade do MESTRE SECRETO é de dez anos — número secreto e sagrado — porque está composto do "ZERO", símbolo do infinito, e o do "UM", origem de todos os números, letras, ciências, artes, e símbolo de todo o abstrato e concreto.

O NÚMERO DEZ encerra os mistérios conhecidos e desconhecidos.

28. O NÚMERO DEZ
É a década criadora, objetivo do estudo do mestre secreto. O "ZERO" é o INFINITO, o "UM" é sua manifestação. O número DEZ equivale a toda manifestação que está no infinito.

A unidade constitui o princípio de todos os números e diversidades. Da letra "A", ou "ALEF", procedem todas as letras e cifras. O "UM" é o PODER POSITIVO; o círculo é o PASSIVO. "UM" é MASCULINO, "ZERO" É FEMININO. São os dois aspectos da divindade que manifestaram e expressaram a criação.

O mestre secreto, depois de ter conhecimento do significado iniciático dos nove primeiros números, deve começar a estudar com o "ZERO" e no "ZERO" o significado do caos, do crono e da divindade latente ou passiva, que devora a seus filhos ou criações.

29. O ZERO

O círculo ou "ZERO" é negação e potência latente. Multiplica o valor simples das demais cifras.

Não se pode representar o absoluto senão por meio do círculo. O "ZERO" e o "UM" interpretam o Gênesis com muita clareza espiritual.

"No Princípio ELOHIM, os DEZ Sefirotes: Ele modulou, determinou em existência potencial a entidade dos céus e da terra (as duas polaridades de toda manifestação, cuja representação é o "UM" QUE DIVIDE O "ZERO")."

30. O OVO ÁURICO

O número DEZ representa o homem como o número "UM" dentro de sua aura ovoide.

A origem do "UM", no círculo, era um ponto. O círculo representa o símbolo da serpente, que morde sua própria cauda. Significa a força criadora, passiva, que espera o ponto ou o "UM", que tem o germe de vida para expressar sua potencialidade latente. Este é o significado da frase: "Faça-se luz, e a luz foi feita", isto é, faça-se a manifestação, e a manifestação saiu à luz, expressando-se. O "UM" é a luz no centro do círculo e é como um poder criador, iluminando as trevas da manifestação do "ZERO".

O "UM" é a árvore do bem e do mal, no meio do Éden, com suas manifestações inteligentes, isto é, no centro do círculo SERPENTE, que rodeia o paraíso. Quando o "UM" atravessa o círculo, tem que se converter em CRIADOR.

31. A LETRA YOD
O "I" ou YOD tem o número DEZ. YOD é o falo, o cetro, a espada. O círculo com o ponto representa o Sol, o princípio da vida, e simboliza o ovo com o germe.

É o falo, quando está representado verticalmente pelo I ou "UM" no círculo.

É a união dos dois princípios: masculino e feminino.

Materialmente é, o ponto no centro, um gráfico que representa o órgão masculino no feminino.

DESTE SÍMBOLO FORAM IDEALIZADOS, PLANEJADOS E CONSTRUÍDOS TODOS OS TEMPLOS E ALTARES ANTIGOS E MODERNOS.

É o culto à divindade criadora: Pai-Mãe, Sol-Lua, luz vital e espaço que a recebe, era muito sagrado em sua origem, mas degenerou quando o homem começou a materializar seus pensamentos abstratos; então aquele culto se converteu em degeneração, cujo objetivo é a satisfação do desejo e instinto animal no homem.

32. O "UM DENTRO DO ZERO"

O círculo dividido pelo raio representa as duas serpentes: a do Éden e a do deserto.

Uma é ígnia — divindade criadora com seus atributos de onisciência, onipresença e onipotência. A outra é o gênio do mal, concebido somente pelo homem, chamada pelo *Apocalipse*: a serpente, a besta, o dragão que perverte os poderes e possibilidades do homem. (Ler nossa obra *Rasgando Velos o la Revelación del Apocalipse*).

É o homem quem deve escolher e manejar o poder de sua serpente de fogo criador, para ter a criação ideal.

O poder da serpente chama-se, na índia, "Kundalini", isto é, enroscadora, e seu assento está na base da espinha dorsal, no centro básico, fundamental. Este fogo criador, ou serpente, tem que ascender, verticalmente, pela própria espinha dorsal, até o coração, para ressuscitá-lo na tumba de Hiram, e depois, seguir sua ascensão, com o amor do coração, ao céu do Pai (na cabeça), sentar-se à sua direita, cujo símbolo é o DEZ, ou "UM" à direita do "ZERO".

33. O OLHO DIVINO

O ponto no centro simboliza o olho divino, que é a lâmpada do corpo, como o chama Jesus. Este olho está representado na estrela flamante, o centro uno da luz. É a luz interior do EU SOU que irradia da pupila, ponto central do olho, para dissipar as trevas.

34. A UNIDADE E A DIVERSIDADE

O ponto no círculo significa a unidade na expressão criadora, que se manifesta na diversidade.

O mestre secreto sente a unidade interior, a diversidade e multiplicidade exterior. Com este sentimento, o olho interno se abre. Então o ponto se converte em "UM", ou o cetro elevado para alcançar a sabedoria, e o YOD criador se eleva da profundidade à sublimidade, do inferno aos céus. Em toda iniciação é necessário baixar ao inferior para salvar os necessitados, antes de poder subir.

35. A LINHA VERTICAL

O "UM", como linha vertical e descendente, é um emblema do poder da unidade. É a luz cósmica, que ilumina; é atividade criadora de todos os demais números.

O número "UM" é o criador do Universo, por meio dos DEZ Sefirotes. É o Filho à direita do Pai. (Para maior compreensão deve-se ler *As Chaves do Reino Interno*, e *Gênesis Reconstruído*, *Rasgando Velos o la Revelación del Apocalipse* e *Mistérios do Grau do Mestre*, do mesmo autor).

Finalizando este capítulo, seguiremos adiante para entregar ao mestre secreto um capítulo intitulado: "O denário e a unidade", transcrito de *As Chaves do Reino Interno*, de nossa autoria, porque encerra muitos mistérios e arcanos, que pertencem a este grau de mestre secreto.

5. O denário e a unidade

36. Antes do princípio, era o zero (0).
No princípio existiu o um (1).

Desde o princípio, o zero (0) emanou de si o um (1) e o um se fez dualidade, ternário, quaternário, quinário, senário, setenário, otanário, novenário e por último, denário, e quando o um torna a unir-se ao zero, o raio da circunferência, termina seu ciclo e o latente se faz potente e o inconsciente se torna onisciente.

Do zero, princípio latente de toda criação, nascem todas as cifras ou Sefirote da Cabala e todos voltam ao zero.

A serpente mordendo a sua cauda simboliza o círculo que representa o Ciclo do Tempo, perpetuamente emanado e devorado pela eternidade, imagem da força criadora que se manifesta do estado potencial latente.

37. Quando o número um desce verticalmente do zero, representa o raio da luz cósmica, unidade que se manifesta em atividade criadora, emanando de si as demais cifras e novas combinações de forças primordiais.

O um depois do zero (01) é o criador do universo que

desce inconscientemente; é a queda de Lúcifer e de Prometeu para fazer a vontade do Pai; é a queda de Adão e sua saída do paraíso, para crescer e multiplicar-se, para produzir as múltiplas manifestações da vida nos três reinos, vegetal, animal e humano. Por involução desceu do zero e por evolução deve novamente ascender até Ele e sentar-se à direita do Pai, no número dez ou um antes do zero (10). Isso ocorre quando adquire o poder da década e manifesta a criação nos nove céus externos e internos, por meio dos coros angelicais ou átomos criadores, gerados por seus pensamentos divinos, que executam seu poder.

O círculo e a linha convertidos em números formam dez (10); convertidos em letras, o número um muda-se em (*i*) e o zero em (*o*). É o Eu, que quando desceu era a mônada, a unidade, o um, ou aquela parte imortal do homem que, encarnando-se nos reinos inferiores, é o (i) minúsculo que se separou do ponto central do círculo. Porém, ao progredir gradualmente através deles até o homem, e depois, ao encontrar seu caminho novamente para a União; ou como disse Jesus: "Assim é necessário que o Filho do Homem seja levantado". O *i* minúsculo representa o feto na matriz da mãe, o homem na terra e o espírito em Deus.

Também o (Y) da palavra YO nos mostra como a mônada desceu até o reino mais baixo para voltar a subir do mais alto à união no reino do céu.

38. O círculo e a linha são a chave de todos os mistérios. No homem é a espinha dorsal que atravessa o ovo áurico formado pelos veículos inferiores. No divino, o zero (0) é o imanifestado e o um é o manifestado. O raio dentro do círculo é o símbolo de Deus e do homem.

É o símbolo do masculino-feminino.
É o símbolo da mulher.
É o *Eu: é Jehová.*
É o cosmos em manifestação.
É o sistema solar e lunar.
É a origem de todo número.
É a origem de todas as letras.
É o símbolo da pirâmide, do templo de Salomão e da arca da aliança.

É o símbolo da iniciação antiga, moderna e futura que se levanta até tocar o ponto e se faz I maiúsculo e então o FILHO do homem é o filho de Deus.

É o símbolo do nascimento, da morte e da ressurreição.

É o símbolo da pirâmide que deriva de PI, o (10) número do côvado sagrado e número do homem, do homem-Deus que é *EU*.

É o símbolo de Deus no homem e do homem em Deus.

É o símbolo do vaso sagrado de Hiram, chamado Mar de bronze que tinha dez côvados de bordo a bordo (Yod) e cinco de altura (Hé), isso é, 10 + 5 = masculino-feminino.

Temos essas medidas na câmara do rei da pirâmide, na arca da aliança e no templo de Salomão e todas representam o corpo humano.

É o *Sanctum Sanctorum*, Pai-Mãe, espírito-matéria. É o Sol na eclíptica; é o um que está em tudo.

É a representação do ano lunar: zero (0), é o G em hebraico; dividido por uma barra, converte-se em H (3) linhas e o G considerado em dois = 355 e 365, ano solar bissexto. O círculo e a linha é Pi, a iniciação que representa a gestação.

É o útero da mulher.

39. A linha de dentro do círculo é igual a 355. Somado esse número, produz treze; multiplicando por 28 dias, período lunar e menstrual da mulher 28 × 13 = 364, comprimento da antecâmara do rei na pirâmide, ou o ano solar. No mês lunar, ou 28, dividido em quatro fases de sete dias, temos o período menstrual feminino. O período da gestação 18 × 7 = 126; a vitalidade do feto equivale a 30 × 7 = 210. O parto sobrevém aos 40 × 7 = 280. Os 28 dias do período menstrual multiplicados pelo símbolo 0, dupla matriz, que é treze nos dão 364 dias do ano solar.

É PI em geometria e simboliza a primeira manifestação do todo em que o um nasce do zero ou do círculo; esse círculo partido pelo diâmetro da figura de uma dupla matriz e a letra PI ou Hé, formada por um travessão horizontal e dois verticais (mônada e dual), vale cinco no alfabeto e aquele duplo símbolo, assim formado, equivale a duas vezes cinco, ou seja, dez; o cinco superior e o cinco inferior do pensamento divino manifestado em linguagem astronômica são os 365 dias do ano solar e os 355 dias do ano lunar.

Esse símbolo representa o mistério do fogo; é a Ísis ou a lua; é o número perfeito de Pitágoras; é unidade e dualidade e a trindade; é o andrógino.

É o homem, é o símbolo de ida, Pingala e Shushumna ou a respiração lunar, solar e espiritual.

É a matriz universal que gerou os sete espíritos planetários. É o templo de Salomão onde se acha o candelabro de sete braços, assim como, na matriz da mulher, influem os sete dias da semana etc.

40. O círculo e a linha são a perfeita representação dos dez Sefirotes (zéfiro, respiro, hálito) do *EU*.

Essas dez expressões da divindade interna chamam-se a árvore dos Sefirotes, ou árvore da vida, intérprete do mundo das formas ou da aparência visível com os princípios absolutos e essenciais do ser.

41. O primeiro Sefirote chama-se Kether, a coroa, o diadema. É o emblema da unidade, ou o primeiro princípio originário da manifestação; é o Pai, o pensador, manancial da vida, a essência imanente e transcendente de tudo o que existe. No Homem se manifesta num átomo central dos dois cérebros e se reflete na fronte.

CHOCOMAH — é o segundo princípio que manifesta a sabedoria, equilibrada pela iniciativa da inteligência; é Mãe e a Lei, o conhecimento do ser e a essência feminina que tem sua sede no cérebro esquerdo e se reflete no fígado.

BINAH — A inteligência ativa equilibrada pela sabe-

doria; é a consciência individual. É o filho nascido do Pai-
-Mãe e ocupa o cérebro direto e se reflete no coração.

CHESED — é o quarto princípio e representa a misericórdia e a graça do Espírito Santo; é a segunda concepção da sabedoria, sempre bondosa e benfeitora, porque é forte; manifesta a vida e origina os mundos do lado esquerdo do corpo humano; seu instrumento é a mão esquerda.

GEBURAH — é o quinto, o princípio da força e do rigor necessitado pela própria sabedoria; é o princípio necessário à sabedoria, sempre bondosa e benfeitora, porque é forte; manifesta no lado direito, cujo principal instrumento é a mão direita.

TIPHERETH — o sexto princípio é a beleza que reside e emana do coração. A beleza é a concepção luminosa do equilíbrio nas formas e é a intermediária entre o Criador e a criação. É o ideal que inspira o amor como força atrativa que une os seres.

NETSTH — é o triunfo da inteligência e da justiça que assegura a evolução da manifestação. É o sétimo alento do Íntimo que se reflete no pé esquerdo.

HOD — é a eternidade da vitória do espírito sobre a matéria, do ativo sobre o passivo, da vida sobre a morte. É o lado direito que triunfa sobre o esquerdo e o positivo sobre o negativo. Ocupa o posto oitavo.

YESOD — é o fundamento, a base de toda manifestação, crença e verdade; é o nono alento que reside na base do corpo humano.

MALAKUT — o reino. É o décimo, reino da trindade no setenário perfeito. É a clausura do ciclo no cumprimento da Obra e corresponde aos órgãos da geração, porque são eles os que manifestam a força criadora do homem.

42. Segundo essas explicações, podemos compreender agora o significado da queda do homem e seu êxodo do paraíso terrenal. O homem, no princípio, como unidade, afastou-se do círculo e, pela mente carnal, entregou-se à satisfação dos próprios desejos. A Serpente tentadora convidou-o a comer do fruto da Árvore do bem e do mal que lhe causou dor e morte; depois, pela dor, adquiriu a experiência de evitar tudo o que pode causar desdita e voltou ao seu interior, à própria inteligência em busca de um remédio para o mal e, por último, a viver sempre são e forte. Com essa busca interna, começa a sua iniciação que o conduzirá até o reino, origem de todo o bem.

43. No MALAKUT o denário conheceu as leis do movimento contínuo e pôde demonstrar a quadratura do círculo.

No novenário adquiriu a medicina universal.

No otonário encontrou a pedra filosofal, isto é, transmutou todos os seus metais inferiores: desejos, anelos etc., em ouro espiritual.

No setenário teve o segredo da ressurreição dos mortos e a chave da imortalidade.

No senário sabe a razão do passado, do presente e do futuro.

No quinário triunfa da desgraça e do inimigo.

No quaternário dispõe da saúde e da vida e pode dispor dos demais.

No ternário reina nos céus e domina sobre o inferno.

No binário está acima de todas as aflições e temores.

Na unidade vê Deus face a face, sem morrer, e rege os sete espíritos que mandam e ordenam toda a milícia celeste.

6. A magia do verbo que deve aprender e praticar o mestre secreto

44. Neste grau é necessário completar o estudo e a prática das letras do alfabeto.

No grau de aprendiz, o mestre aprendeu a praticar a MAGIA DO VERBO nas cinco primeiras letras, que, segundo o idioma semita, são: A, B, G, D, Hé. No grau de companheiro são: OU, Z, HET, TET, YOD, (IJY), K, L, M. No grau de mestre: N, S, Ain, F.

Neste grau de mestre secreto: TSADE (ZS), QHAF (Q), R, SH, X, TAU (T).

TSADE (ZS)

Seu número é 18.

Está letra é um "S", com um som mais volumoso. Para poder entoá-la, deve-se vocalizá-la com a parte central do paladar, com a língua, e não com sua ponta nos dentes. Denomina-se TSADE; simboliza o princípio do poder serpentino do magnetismo animal.

Está relacionada com o signo zodiacal Leão, com a cor laranja-dourado, a nota musical "RÉ" sustenido, a função da mediunidade e a comunhão espiritual.

Interpreta a força que fascina, o insondável em nós, que nos identifica com a imensidade baixa e alta da natureza.

No plano espiritual representa o abismo infinito, o poder que existe no profundo de nosso ser.

No plano mental é a emanação, a exalação, o murmúrio e silêncio.

No plano físico é a manifestação dos poderes ocultos. Significa:

1. A inovação, final da materialização divina; o caos.
2. O espírito no corpo; o corpo e suas paixões.
3. Final da materialização física; a matéria.

Exercício: É o mesmo da letra "S".

Em magia, é o valor prudente para afrontar o desconhecido sem se perder; dominar os espíritos hostis sem receber danos.

O mago é o rei do mundo visível e invisível; "observa, escuta, sabe e cala".

QUAF (Q) — 19 —

45. Esta letra não tem uma equivalência no alfabeto latino, e por tal motivo, está identificado com o "K" e com o "Q".

Simboliza o princípio da nutrição da natureza; o fogo que consome e cria. É a renovação. O "Q" está associado ao signo Touro; e sua cor é o azul; sua nota musical é "MI" sustenido, a inspiração e a alquimia do organismo.

Representa o ato de "dar e receber" dor e glória ao mesmo tempo. No plano espiritual representa a luz divina, princípio de todo conhecimento, e força operante de todas as obras; a verdade fundamental, na qual seu ser tem todas as verdades.

No plano mental representa a inteligência que formula os acontecimentos; o manancial que alimenta as fontes nas quais se refletem as imagens, a origem das decisões e o poder que lhes permite manifestarem-se.

No plano físico representa todos os processos que facilitam a união do elemento masculino e do feminino, bem como a transmutação de ambos, e sem ser um nem outro, participa das propriedades de ambos.

Promete aumento de poder, elevação, êxito em todos os empenhos e sorte nos atos realizados. Anuncia benefícios, por conceito do esforço próprio e dos demais; é claridade no que se deseja, é fogo que consome o que desejamos.

Significa:

1. O despertar do espírito; transição do mundo material ao mundo divino; a matéria como função de Deus; os elementos.
2. A renovação do corpo do homem; a nutrição, a digestão.
3. A matéria, que ascende para Deus; transmutação do mineral. "Q" é a letra da projeção, a qual se verifi-

ca perfeitamente pela inteligência efetiva e realizável de uma só palavra. É a pedra filosofal, buscada pelos iniciados e desapercebida do vulgo. É a transmutação do fogo criador na luz.

Em magia é a pedra filosofal, que é a suprema razão baseada nos princípios absolutos da sabedoria. Um homem com preconceitos ou supersticioso, jamais pode ser o rei da natureza. "É necessário separar o sutil do fixo", disse Hermes. É preciso distinguir entre os domínios da ciência e da fé. Encontrar a Pedra Filosofal é encontrar o absoluto que não admite erros; é a lei imutável da razão e da verdade, porque o absoluto "é o que é". A Pedra Filosofal é o "I" maiúsculo. Aquele que chega à iniciação interna, descobre a verdadeira panaceia, que cura todas as enfermidades, sejam da alma, sejam do corpo. Mas não podemos falar disto no momento (Ver as *Chaves do Reino Interno*, *A Zarza de Horeb*, *O Livro Sem Título de um Autor Sem Nome*, deste autor).

R — 20 —

46. "R" simboliza a ressurreição depois da transmutação, o despertar do Espírito; representa a claridade, que ilumina cada ser. Está associado ao signo Câncer, à cor verde, à nota musical "FÁ" sustenido, à doutrina da reencarnação e às ciências das leis cíclicas. É a decisão e a opinião.

Hieroglificamente representa a cabeça do homem. É o sinal do movimento próprio e terminante, e expressa a renovação das coisas. Astronomicamente corresponde a Saturno.

No plano espiritual produz o despertar da espiritualidade, a iluminação que nos permite ver o passado e o futuro, a chama que queima e ilumina.

No plano mental gera o estímulo para as coisas elevadas, a conversão do inferior ao superior, e representa a revelação da genialidade.

No plano físico é a harmonia entre o moral e o material, entre o consciente e o subconsciente. Promete preferências harmoniosas, trabalhos e ganhos, amigos fiéis, zelo pelo bem e arrependimento pelos erros.

"R" é a cabeça do homem, que está feita sob o modelo das esferas celestes; atrai e irradia; é ela que, na concepção do feto, se manifesta primeiro para formar o restante do corpo.

A frenologia se deve encontrar com a astrologia científica e depurada, na cabeça.

A vocalização do "R" com as demais vogais produz, no homem, certas energias e desperta certas faculdades latentes.

"RA" é o chamado Pai.

"RE" gera entusiasmo.

"RI", docilidade.

"RO", intuição.

"RU", penetração psíquica.

A posição é a forma "R"; deter-se sobre o pé esquerdo:

colocar a mão direita sobre a cintura em forma de triângulo, e levantar a perna direita formando um ângulo. Em seguida, aspirar, reter e exalar, vocalizando: RA, RE, RI, RO, RU.

"Em magia gera o poder taumatúrgico, ou a ação imediata da vontade sobre os corpos ou, pelo menos, essa ação é invisivelmente exercida.

O mago exerce sua vontade positiva, benéfica, sobre as demais vontades e inteligências, seja repentinamente, seja em um tempo determinado, e é capaz de trocar resoluções e paralisar as mais violentas paixões. Adquire este poder porque a ele não lhe importa a estabilidade ou instabilidade da fortuna; ele está sempre equilibrado ante a dor e o prazer; está convencido de que Deus está em ação em suas obras e que dispõe igualmente na onipotência divina.

O Mago que chegou a não ambicionar nada para si, e a não temer nada, é dono de tudo, e quando ele diz "EU QUERO", é o próprio Deus quem quer. Nada resiste, nos mundos visíveis e invisíveis, a uma vontade razoável e livre, pois, tudo quanto ordena, realiza-se.

CH, SH, X — 21 —

47. A letra "SHIN", que é figurada por "CH" em espanhol e "SH" em inglês e por "X", que antigamente tinha a mesma pronúncia, é o princípio do verbo em sua tríplice função de poder criador, conservador e renovador.

Está associada ao signo Áries, à cor roxa, à nota musical "SOL" sustenido, à cromoterapia e à metafísica mística. Representa o absoluto, homem e anjo, viver na terra e ascender ao céu.

No plano espiritual simboliza a imortalidade da alma, a evolução. É o símbolo da esfinge: do touro ao leão, da águia ao homem.

No plano mental gera o conhecimento supremo, o domínio das paixões e das contrariedades.

No plano físico facilita o estímulo e as inspirações acertadas, o trabalho e a recompensa generosa, e o constante melhoramento.

Promete longa vida, riquezas, distinções, vitórias e deleites honestos. Anuncia amigos fiéis, méritos e obstáculos. Significa:

1. A volta consciente ao mundo divino.
2. A intuição.
3. A máxima progressão material; o reino animal.

Esta letra é sagrada e misteriosa. Se soubermos pronunciar a Palavra Mantra "Í, HÉ, V, HÉ", que é "YaheU-He" ou "YaHuHe", e introduzirmos no meio dela a letra "Shin", teremos: "YHESHUH", ou Jesus o Cristo, o nome mais sagrado.

Exercício:

A posição é em forma de "X": pés abertos e braços estendidos para o alto. Em seguida, aspirar, reter e exalar, vocalizando: I, SH, SH, SH, SH, — é o som que convida ao silêncio. Cada vez que tenhamos uma tentação passional, daninha, ou uma paixão, podemos aplacá-la com este som "ISH", prolongado.

"ISSSS" é o chamado à energia, é o despertar.

"ISHSH" é acalmar e silenciar.

"Em Magia é o poder da intuição, e a intuição é o exercício do poder divino no homem.

Intuição ou adivinhação é também sacerdócio do mago.

O coração humano é o arcano mais profundo e oculto da natureza; no entanto, é um livro aberto para o Mago. A luz astral é o livro onde estão escritos todos os pensamentos e atos dos homens; o mago é aquele que sabe ler neste livro, magnetizando-se a si mesmo e afastando-se da luz exterior, para estar atento unicamente à luz interna.

Os dois sinais do homem-Deus são a intuição e a taumaturgia: a adivinhação e o milagre de curar, isto é, ler na luz astral e submeter esta luz à sua vontade.

A condição para efetuar a adivinhação é a de não ver-se obrigado a ela; a da taumaturgia é sentir amor ou interesse elevado na pessoa doente".

T —22—

48. "T" simboliza o princípio do poder absoluto, a causa unida ao efeito. Relaciona-se com o planeta Plutão e com o Sol. Está associada à nota musical "LÁ" sustenido, à faculdade humana da vidência e às ciências mágicas.

Representa o progresso, a culminação depois da crucificação, a lei de compensação pelo que temos dado.

"T" é a verdadeira cruz; mas, não é a cruz vulgar, triste e dolorosa, imaginada pela generalidade do povo, senão o sinal da ascensão, do poder e da glória; é a cruz da vida; é o sinal dos sinais; é o homem que representa o macrocosmo com as quatro formas da esfinge, isto é, Deus-homem; é a magia do sexo.

No plano espiritual representa o mistério da vida, o Deus-homem.

No plano mental: o microcosmo, o resumo do *todo em tudo*, o homem-Deus.

No plano físico gera o sentir intenso da vida no corpo ou sem o corpo.

Promete conhecimento dos pensamentos mais secretos *dos homens*; penetra os mistérios do passado e do futuro:

"TA" é conhecimento intelectual.
"TE", amor à justiça.
"TI", serenidade.
"TO", aptidões artísticas.
"TU", triunfo.

Exercício:

Posição ereta, mãos em forma de cruz; aspirar, reter e exalar, vocalizando: TA, TE, TI, TO, TU.

"Em magia, o império do mundo pertence ao império da luz; o império da luz é o trono que Deus reserva à vontade santificada. A felicidade é, para o mago, o fruto da ciência do bem e do mal, ou melhor dito, o fruto da lei, porque Deus permite que seja colhido pelo homem bastante dono de si próprio, capaz de se aproximar dele sem desejá-lo.

O homem pode realizar o que crê, na medida do que sabe, e faz o que quer, na medida do que crê e na razão do que sabe.

O homem, por si mesmo, é o criador do seu céu e de seu inferno, no qual não há outros demônios, senão os criados pelas suas próprias loucuras. Se o demônio existisse, seria o mais impotente dos seres."

7. "E o verbo se fez carne"

Evangelho de são João

49. Resumo:

A magia do verbo se efetua por meio do som, que reside na vibração produzida pela palavra vocalizada.

A palavra vocalizada nasce do alento da vida, ou da aspiração e se faz carne pelo som.

O som não pode ter manifestação, senão por meio da inspiração e exalação, que fazem vibrar as cordas vocais.

A entrada e a saída do alento acondicionam o som. Quem respira, vibra, e quem vibra, produz som.

Toda vibração é som, embora não seja percebida pelo nosso ouvido.

Quanto mais fundo respiramos, mais forte se manifesta o som.

Existem sons internos e externos. A voz interna é a VOZ DO SILÊNCIO. A VOZ DO ÍNTIMO se faz ouvir a cada momento por aquele que aspira, inspira e pensa; é a Voz que nos guia em cada minuto de nossa vida.

Os sons externos têm por objetivo levar-nos ao mundo interno, desenvolvendo nossa concentração e contemplação, e nos proporcionam a verdadeira iniciação para, em seguida, se manifestarem no mundo externo.

A Iniciação se consegue pela aspiração elevada, inspiração profunda e vocalização perfeita.

"EU SOU" tem a linguagem do silêncio; fala à consciência com sua própria tonalidade.

A consciência é o livro branco, no qual "EU SOU" grava com a voz do silêncio SUA divina lei.

A Palavra é a ponte que liga o Pensador à coisa pensada; é como o corpo do pensamento.

A palavra compõe-se de letras.

As letras do alfabeto de todos os idiomas são símbolos de uma linguagem elevada e secreta. Também o são os números.

Com a aspiração, a inalação retida e a concentração pode-se ler e sentir seu efeito no sistema simpático.

Muito raros são os que, até hoje, conseguiram decifrar e compreender a simbologia das letras — símbolos remotos e pré-históricos dos povos.

Existe um símbolo para abençoar, que representa o homem e sua letra; traçado com a mão direita, produz atmosfera de paz e bem-estar na pessoa, direta ou indiretamente, mas, traçado com a esquerda, ao inverso, provoca ódio.

Os artistas, às vezes, decifram esses símbolos, e são criadores para a época em que vivem. No mundo mental eles seguirão sempre os símbolos, única linguagem da inspiração somente compreendida por aquela mente cósmica do ser humano.

Os símbolos da Maçonaria existiram em todas as idades, religiões e templos. Esses símbolos são imagens do pensamento e são como pontos que nos conduzem do exterior ao interior. Os símbolos, malignamente empregados, representam e evocam o mal. Devem evitar-se os sinais mágicos malignos, para não ser arrastado às regiões inferiores.

NOTA-CHAVE

50. No Capítulo "A ORAÇÃO" de nossa obra *El Reino* foi dito:

Agora é necessário falar da oração, evocação, invocação e mantras ou palavras de poder. Todas estas formas de súplicas ao Íntimo são uma espécie de nota-chave ou de sintonização com a atmosfera mental da natureza; obtém-se tudo o que se pede por meio da oração, invocação ou súplica. O mago é o filho predileto e amado da mãe-natureza; sendo seu filho amoroso, governa a consciência da mãe, por meio da palavra.

O mago trata primeiro de purificar seus desejos do plexo solar donde surge toda fortaleza do sistema.

No plexo solar se acham duas sendas: uma vai para o Íntimo, outra ao inimigo secreto. Ambas estão cheias de fenômenos e poderes, mas o mago que deseja sua união com "EU SOU" toma a direção da "lâmpada de Aladino", sem lhe importar todas as distrações do caminho.

Dentro da espinha dorsal existe um cordão que registra todos os sons da natureza. Cada uma das sete vogais da natureza vibra a determinada longitude, no *centro* correspondente por sua estrutura atômica. O mago, por meio das sete vogais que compõem a "palavra perdida", pode despertar, desenvolver à vontade todos os centros magnéticos, para realizar a *Obra*. O mago utiliza também estas vogais sobre os centros do enfermo e os faz vibrar, para curá-los. Por exemplo: a preguiça e o abatimento desaparecerão ao ser ativado o centro laríngeo com a vogal "He", vocalizada na nota musical "SI" e com a concentração na cor violeta.

Quando evocamos um centro, com um som adequado, é como tocar a porta do centro magnético, e para quem o toca com aspiração pura, lhe será aberto. O mestre do centro, ou o guardião, nos põe em contato com a atmosfera do centro e de sua natureza elemental. Existem também certas vogais e palavras para limpar nossa aura. Isto foi a origem das invocações e orações de todas as religiões do mundo, e não como se crê atualmente, que, por meio da oração, pode Deus revogar sua lei e mudar de parecer, como o fazem os homens.

Cada ser tem uma nota-chave ou nome interno, selado por ele antes de encarnar-se, que não lhe é divulgado senão quando toma o caminho de volta ou subida através do sistema nervoso. É a energia criadora ou átomo mestre desta energia que, ao ascender para o cérebro ou templo que é a atmosfera mental, lhe dará o nome (como relata o *Apocalipse*) ou nota-chave que ninguém saberá, a não ser o vencedor de si mesmo. Este nome pode ser aprendido em vida, por meio da morte voluntária, ou depois do transe chamado morte física. Este nome é a chave do tesouro, que deve ser dado ao mundo.

Fazer vibrar os centros magnéticos é abrir as células e átomos do corpo-templo ao som das forças solares, para prepará-los, limpá-los e abri-los à luz inefável do "EU SOU". Todos os rituais, cantos, orações e cerimônias de todas as religiões, não são mais do que reflexos dessas invocações. Os chefes das religiões acreditam que essas cerimônias não são mais do que repetições de fatos ocorridos no passado. A missa oficiada por um sacerdote mago é a magia mais poderosa, que nenhuma mente humana pode descobrir. Quando o mago, não o vulgar sacerdote, oficia, produz o fenômeno mais estranho na multidão.

Suas palavras e invocações fazem vibrar os corpos dos assistentes, e o Eu superior de cada um fica como uma página em branco, apta para receber uma verdade simples e posta pela escritura sagrada. Quando o mago evoca a força supersolar e se enche desta força, então dirige esta energia crística ao pão e ao vinho. Estes elementos impregnam-se da força evocada, trocam até de sabor, e o mago chega a ver a chama que deles se desprende porque se transformaram por meio da energia crística em um elemento crístico (chamado corpo e sangue de Cristo). Quando os fiéis tomam e comem este elemento crístico, o Eu superior se impregna de suas energias divinas e começa a sentir as verdades do próprio "EU SOU", as quais ficam gravadas de uma maneira indelével, e, então, tomará o caminho para o mundo interno, para a união com o Íntimo. Feliz é o sacerdote que sente estas verdades, felizes são os fiéis que comungam com ele e de sua mão tomam este alimento dos três corpos!

A magia da evocação, por meio do verbo ou vogal, era conhecida dos antigos que sabiam que certos sons produzem fenômenos naturais. Certa ocasião assistimos a um fenômeno que produziu chuva depois de uma longa seca; em cadeia de união, mestres e discípulos entoaram uma sílaba durante algum tempo; antes de duas horas o céu, que estava limpo, se cobriu de nuvens densas e, em seguida, caiu uma chuva torrencial durante toda a noite.

Outra nota-chave, em outra ocasião, fez a chuva cessar.

De maneira que estas notas da natureza, bem sentidas e vocalizadas, conferem Saber, Poder e Virtude.

Estes sons-chave despertarão as recordações do passado longínquo e das vidas anteriores. No entanto, estas revelações nada têm de agradável, porque a mente volta a experimentar todas as dores, sofrimentos e erros de cada vida, revivendo tudo, tal qual aconteceu. Existem notas-chave para todos os elementos da natureza, chamados deuses-princípios. Estes elementos são muito obedientes ao homem puro, que aspira à superação; com uma pequena invocação e a vocalização do *mantra* ou nome do elemento, este atende, para prestar seus serviços ao homem, conforme explicaremos em futuros trabalhos.

51. Cada letra representa um Deus e encerra uma força mágica.

Cada letra é um expoente da luz. Temos dito que a

letra "A" representa todas as ideias governadas pelo princípio ativo: homem, Pai (Deus), luz, cor, e muitas outras significações; assim, também, cada uma das demais letras tem muitos significados transcendentais.

Está comprovado cientificamente que, com a pronunciação de cada letra, o sangue flui a determinada parte do corpo.

As vogais são as bases sobre as quais se edifica todo o monumento do idioma. Podemos dizer que as vogais são emanadas do Deus interno, e são de origem divina.

Depois destes esclarecimentos, já podemos entrar no campo da prática.

8. Práticas

52. "I" — Respirar profundamente, e da maneira já explicada, pronunciar "IIIIII"; o sangue flui à cabeça e faz sentir vibrações em todo o corpo.

"E" — Com a vocalização da letra "EEEEEEE", o sangue flui ao pescoço, garganta e laringe.

"O" — Com a letra "OOOOOOO", o sangue flui ao coração.

"U" — Com "UUUUUUU", flui o sangue ao ventre, estômago e intestinos.

"A" — Com "AAAAAAA", flui aos pulmões.

Aquele que pratica metodicamente estes exercícios respiratórios, com a pronunciação das vogais, pode curar todas as enfermidades correspondentes a estas partes.

Mas, o poder das vogais, como por exemplo, da "I", não se limita à cura de uma dor da cabeça; estudando-se o que representa "I", vemos que simboliza fortuna, destino, elevação, ascensão, supremacia etc., como temos visto antes.

De modo que a vocalização consciente, isto é, com ASPIRAÇÃO, RESPIRAÇÃO e CONCENTRAÇÃO, o aspirante pode adquirir tudo o que é relativo à vogal vocalizada, e possuir seus poderes no mundo espiritual, mental e físico.

Se for possível entoar a vogal segundo sua nota musical, e contemplar sua cor, o efeito será mais rápido; de qualquer modo, não se deve exigir tais condições de todos, porque se tem comprovado que uma simples vocalização acompanhada de um grande desejo (aspiração) produz o mesmo efeito, embora de maneira mais lenta.

53. A ASPIRAÇÃO, RESPIRAÇÃO e CONCENTRAÇÃO, com a vocalização das vogais, dão atividades às glândulas e órgãos mencionados.

As enfermidades do estômago e intestinos são curadas com a tonalidade de "UUUUUUU".

Os exercícios devem ser realizados em estado de ânimo tranquilo, o corpo livre de toda faixa ou roupa apertada. A mente deve estar fixa no poder da vogal e da palavra composta que se deve pronunciar.

Ao respirar pelo nariz, deve-se pensar que a energia divina entra com o alento aos pulmões e ao corpo, saturando-os de saúde; ao expelir o ar, é preciso pensar forte que todos os venenos do corpo e do membro doente saem pela vocalização da palavra ou da vogal.

54. "INRI" é uma palavra de altos poderes. Deixemos à parte seus significados esotéricos, e encontraremos neste *mantra* uma cura para todas as dores de cabeça, porque "I" faz fluir o sangue à cabeça; "N" conduz nossa mente ao mundo interno e converte-se em instrumento da manifestação interna; "R" significa e representa a cabeça, o movimento e a revolução; "I", final, fixa a energia absorvida pelo sangue neste órgão, "IIIIINNRRRRRIIIIIII".

Logo "INRI", ao fazer fluir o sangue à cabeça, produz outros efeitos transcendentais: a energia criadora, ao ser ascendida pela vontade do iniciado na espinha dorsal até à cabeça, produz, no princípio, a coroa de espinhos, cujas dores são incalculáveis. "INRI", como *mantra* para uma cura física de dor de cabeça, é surpreendente, mas para a iniciação interna é muito dolorosa.

55. A vogal "A" é, como todas as suas irmãs, a alma do manancial, que alimenta a atividade pensadora; as consoantes são o corpo e o pensamento cristalizado.

"A" anima os pulmões e vivifica os órgãos da respiração. Pode-se informar com incalculável proveito que esta palavra com as três letras "IIAAAAAAOOOOO" é uma invocação sagrada que alivia as enfermidades dos pulmões e sistemas respiratório e circulatório. "A", como temos visto, é o "Pai", que não poderá ter este qualificativo se não se une à "Mãe", que é "B". Logo, "AB" é o "Pai" e é uma invocação quando se repete "A" no final; assim, "AABBAA".

"AR" e "RA" despertam, no organismo, a energia solar. Os egípcios invocavam ao espírito do Pai Sol com "RAAAAAA".

"AM" é a raiz de "Mãe", amor, amigo, amante, amado etc. Nos idiomas latinos se diz "MA" e "PA" como raízes de mãe e pai, invertendo a ordem das letras.

"RAAAAA — MAAAAAA" é uma invocação que limpa e sutiliza o corpo astral ou alma, e abre o olho interno para muitas coisas ocultas.

"A" dá o poder cósmico do mundo astral. "A" sempre manifesta alguns poderes sutis do mundo da alma ou astral; por isto é um dos sons mais místicos.

"RA" combina as energias da alma regularizada pelo "R". "MA", "M", representa a influência materna do Universo — a influência que acalma e protege; traz amor e paz; é o amor materno e poder calmante.

"RAMA" é um *mantra* que equivale a "AMAR", e ante o verdadeiro amor, não há barreiras visíveis e invisíveis.

"AAAAMMMMAAAARRRR" é um som eficaz, que acalma o nervosismo, a ânsia e o desespero.

Cada leitor deve buscar por si mesmo o poder destas letras e aproveitar seus poderes. Estas palavras sagradas despertam certos centros adormecidos no cérebro; intensificam as vibrações que rodeiam a aura; outros sons, como "AMAR", atraem certas forças à nossa presença.

A vocalização tem que ser sempre precedida pela pureza da ASPIRAÇÃO, por profunda inalação e concentração devida.

56. Como já se sabe que "M" significa "Mãe", "matriz", "matéria", "material", e tudo o que é feminino, pode a mulher, com sua palavra, curar todas as enfermidades de seus órgãos sexuais. Já estão explicados os poderes do "I", e que "N" conduz o poder ao mundo interno, que "U" é a vogal do ventre e baixo ventre, e que "M" é a "matriz"; então deve vocalizar: "IIINNNNNNUUUUMMMMM".

Sempre, com o exercício, deve-se expulsar todo o ar dos pulmões para purificar o organismo. Assim como a inspiração deve ser completa, assim também a expiração deve eliminar todo o gás carbônico. Deve-se limpar os pulmões, esvaziando-os completamente, para em seguida enchê-los com a força vital do alento divino.

57. No magnetismo cósmico reside o som universal, o logos. A palavra som vocalizada encarrega-se de se encher deste magnetismo; a mente concentrada na parte enferma se encarrega de levar, a esta parte, o poder curador do agente curativo. Um exercício respiratório perfeito e completo expulsa a morbosidade.

O exercício deve ser como uma oração ou invocação ao Deus Íntimo; a palavra é como um veículo das forças divinas.

58. "I" no *mantra* "IAO" é a linha que divide o círculo, é o YOD dos semitas.

Por conseguinte, o sangue deve ser limpo, puro e são para que o "EU" possa manifestar-se. Todas as afecções do sangue e suas morbosidades podem ser curadas com a vocalização do "I". Esta vocalização ajuda muito à medicina, em caso de certas enfermidades do conduto urinário.

A vocalização do "I" vitaliza o corpo já cansado e doente pelo excesso de trabalho, pela idade, pelo nervosismo. "I" é a vogal que rejuvenesce.

A palavra "IAO" é um *mantra* para curar as doenças

do coração, fortifica os nervos, cura dores de cabeça, faz circular o sangue e elimina as ameaças de arteriosclerose.

59. "E" vocalizada é um surpreendente método para curar as afecções da garganta, catarros, bócios etc. Aqueles que exercitam "HE" expirada, isto é, como um sopro pela boca aberta, fortificam as cordas vocais. "EEEEHEIEEEH" é um dos dez nomes divinos. "EHEIEH" significa "EU SOU".

60. As palavras sagradas atuam de modo eficaz, quando empregadas e postas em ação pela vontade do homem; destas palavras, as mais importantes são os nomes divinos; cada um deles expressa um atributo especial de Deus, ou seja, uma lei ativa da natureza e um centro universal em ação. Pela vontade do homem, atraem ao homem, que os vocalize, os seus poderes e realizações.

Estes nomes encerram todas as potências divinas pela combinação de suas letras e valores, e são dez:

1. "AHETEH" ou "EHEIEH significa, como já foi dito, "EU SOU". O *mantra* completo é "AHEIEH ASHR AHEIEH" "EU SOU O QUE SOU", designa a essência de todos os seres manifestados.
É escrito, às vezes, com as simples letras "IAO"; é o EU SUPREMO e absoluto, o criador pelo verbo.
2. "IAH" quer dizer que "I", como princípio absoluto de todos os seres, manifesta-se, na vida, pelo alento "A" e permanece em união indissolúvel do Espírito com a Alma Universal.

"IAH" é um *mantra* que cura as afecções dos pulmões, limpando-os completamente dos gases venenosos. Renova o sangue, veículo do "EU SOU", e faz o homem consciente de sua divindade.
3. "IEVE" deve ser escrito e pronunciado com "HE" aspirado — assim "IHVH". Só o grande sacerdote tinha o direito de pronunciá-lo uma só vez ao ano, no templo. Deriva-se do nome universal "ADAM-EVA". As letras de "ADAM", reduzidas a números, equivalem a dez, e este número é representado por "I", sinal de manifestação potencial masculino e, ao unir-se a "EVE" — feminino — é assim traduzido. "I" equivale à (10); "HE", (5); "V", (6); "HE", (5). "I", Pai, unido à natureza Mãe, metade de dez manifesta-se em "VAU", (6), e significa O SER que FOI E SERÁ. Representa a união masculino-feminina, que gera o universo vivo. Este *mantra* vitaliza os centros da cabeça, da garganta, do plexo solar e sobretudo o sexual.
4. "EL" ou "AL" expressa o poder pelo "A" e a elevação pelo "L" (veja letra "L", já explicada).
5. "ALOAH" ou "ELOAH" é poder elevado pela luz inefável e de vida absoluta; é o Todo-Poderoso, que se manifesta em inteligência e vida.
Este *mantra* é indicado para os pulmões, coração e garganta.
6. "ALHIM" ou "ELOHIM" significa Deus dos Deuses; "EL-ELES"; os Deuses emanados de Deus. Infunde poder, elevação, extensão, alento, geração, sexo mas-

culino e feminino. Este *mantra* cura vários órgãos no corpo, conforme já foram explicadas suas letras.

7. "IEVE" ou "TEBAOTH", é Deus-lei, que rege o mundo.

8. "ALHIM TSEBAOTH" é chamar as supremas potências vivas das ordens cósmicas.

9. "SHADAI" ou "SADAI" é evocar o nome da Providência, o poder altíssimo da vida.

10. "ADONAI" significa Senhor. Os cabalistas asseguram que cada letra destes nomes tem uma força ingente, e que cada umas destas vogais provoca algum centro nervoso de nosso organismo.

9. O que deve aprender o mestre secreto

61. A primeira obrigação do grau é aprender e descobrir o mistério de unidade pela dualidade, que simboliza o "UM" dentro do "ZERO".

A linha reta dentro do círculo representa a unidade; o ângulo de duas linhas distintas que, partindo de um único ponto se afastam e divergem, representa a dualidade. Dessa maneira vemos que a dualidade tem sua origem na unidade.

O ponto central em que se juntam as duas linhas é o mundo sétimo ou da realidade, ao passo que as duas linhas atravessam os seis mundos inferiores à realidade, chamados mundos da manifestação ou aparência da realidade. São a substância da essência, a forma do ser e a matéria em contraposição ao espírito.

62. Desde o momento em que a unidade se bifurca em dois, converte-se em criação; mas a consciência da unidade, que é a alma do mundo, se manifesta na dualidade que desce do sétimo céu.

Pela Dualidade formam-se: Céu e Terra; o bem e o

mal; a luz e a sombra; o espírito e a matéria; o Jakin e o Bohaz; o *Yang* e o *Yin*; o sol e a luz; a expansão e a reunião; a necessidade e a liberdade; o Pai e a Mãe; Adão e Eva etc.

63. No mesmo corpo se manifesta a dualidade em todo o organismo; porém essa dualidade se concilia no centro cerebral, nariz, língua, umbigo e falo.

A divindade una tem duas condições como base de sua manifestação: o universo e o homem.

A unidade da dualidade, no cérebro do homem, é o princípio da criação; a unidade da dualidade na base inferior da medula ou no IO cabalístico, é a volta à divindade.

64. Desde o momento em que EU SOU junta em seu redor seus veículos de matéria, obscurece sua consciência em seu próprio plano, porém comunica-a a seus veículos.

O plano físico é o inferior, no qual se encarna o ser humano em corpo material.

O segundo é o desejo inferior; é o corpo dos instintos e paixões; é o corpo da atração ou do apossamento.

O terceiro é o da emoção ou do desejo superior que se caracteriza pelo desejo da união.

O quarto é o mental inferior; é o da memória que dá fixidez aos demais superiores.

O quinto é o mental superior; é a residência das qualidades.

O sexto é o plano espiritual; é o da tendência.

O sétimo e último é o plano da unidade com o Íntimo; nele não há diferenciação: *Tudo é um e um é tudo*.

Assim, está o homem composto por sete aspectos distintos em seu ser, e cada qual possui os átomos de cada aspecto, que nele habitam.

65. O EU SOU emana do sétimo plano da unidade, ou cabeça, à maneira de eletricidade, a força vital em forma dual: protetora e passiva ou receptora; masculina e feminina.

Porém, se esses dois polos não se encontram em parte alguma, perdem-se no espaço, e para limitar ou utilizar suas forças, cumpre uni-las em circuito.

A união dos polos é o mistério da criação. Separados, significam emanações do Íntimo, porém emanações inúteis, porque se perdem no espaço infinito; mas, quando se unem, desenvolvem uma criação que toma o caminho de volta à unidade superior.

66. O homem é o polo positivo da força vital que está fluindo do EU SOU; mas essa força, em vez de perder-se no espaço infinito, depois de realizar sua obra em corpo masculino, tende a unir-se a um ser feminino para produzir o circuito e por ele regressar à divindade. No ponto de união pode o iniciado apoderar-se dessa força e empregá-la em todos os sete planos anteriormente enumerados.

67. Dissemos que o sétimo plano é a *unidade do todo*; mas do sétimo para baixo começam as polaridades da sexualidade, donde tem de fluir até chegar ao físico e, então, converte-se o homem num canal de força vital masculina, positiva, e a mulher em canal passivo, negativo e feminino.

Deduz-se disso que o ser humano, em princípio, é assexual ou andrógino; assim foi no princípio e assim há de ser no fim.

68. Entretanto, ambas as forças do EU SOU são manifestações divinas, no homem e na mulher, e têm de unir-se, nos mundos da matéria, para a criação e o retorno à unidade. Porém, essa união dos dois polos tem de realizar-se, forçosamente, nos seis planos, para que produzam a unidade no sétimo.

69. A energia vital ou criadora deve descer até o físico. O iniciado ou adepto tem por objetivo detê-la na base da medula espinhal para reenviá-la ao sexto mundo, e não derramá-la na terra, pois que, se isto se der, não poderá seguir à senda interna.

Ninguém deve supor que o adepto cumpra ser celibatário ou jamais ter mulher, por companheira ou esposa. Não. O adepto emprega a força criadora segundo as leis divinas, e sua união sexual é, para ele, um sacramento ou sacrifício,

Mas o adepto é, também, conhecedor das leis divinas nele contidas; pode ser celibatário e utilizar as duas polaridades que descem da cabeça, uni-las na base da medula, onde forma o circuito do fogo serpentino, e elevá-lo à unidade por meio da aspiração, respiração e meditação. Então, os dois meios, casamento ou celibato, têm por objetivo unir as duas polaridades emanantes da unidade para que pela união possam retornar à unidade.

70. Quando a energia criadora desce, como positiva, pelo lado direito da medula espinhal, e como passiva pelo lado esquerdo, ambas as polaridades têm de unir-se na base da espinha dorsal e seguir o rumo de volta para cima até chegar ao sexto plano. Isso está representado no símbolo do caduceu.

Se essa energia se derramar no ponto de união inferior, voltará à terra e arrastará o homem à animalidade.

71. A força vital irradia do EU SOU, e portanto, é divina em sua substância, expressa pelos vários corpos do homem, constituídos pelos átomos nos diferentes planos; todavia, a natureza dessa força é muito distinta em cada plano, embora seja una em toda a sua manifestação. Podemos tomar para exemplo o fogo, ao mesmo tempo fumaça, calor e luz. Assim também é o fogo divino na força vital: fumaça no baixo ventre, isto é, instinto animal; calor ou desejo no peito, e luz no cérebro, de modo que está condicionada pela natureza do plano em que opera.

72. Essa força vital é a causa de tudo o que existe; e preserva toda forma viva de desintegração, até alcançar a evolução; ao mesmo tempo, cria. Na primeira fase é o Pai--Mãe, positivo e negativo; na segunda, é o filho. Para a vida é una; para a criação é dual. Já dissemos que no homem essa energia desce como positiva pelo lado direito da medula, e na mulher, como passiva, pelo lado esquerdo. Porém, na natureza externa o homem representa o lado positivo, que se manifesta derramando-se, e a mulher representa o lado passivo, que espera o estímulo. No físico, o homem estimula a mulher; porém, no anímico é a mulher quem o estimula, porque, se o homem tem corpo físico positivo, seu corpo de desejo é passivo, ao passo que a mulher é o inverso do homem: seu físico é passivo e seu corpo de desejos é positivo.

73. "Quando os dois forem um e já não houver masculino nem feminino, virá o reino de Deus", dizem as Escrituras.

74. O homem e a mulher como pessoas têm sexo definidos; porém, como deuses, têm cada qual em si ambos os aspectos.

O Iniciado deve desenvolver em seu corpo ambos os polos para converter-se em unidade ou unir-se a uma mulher para obter o mesmo fim. Contudo, existem seres que unem os dois métodos para chegar ao mesmo objetivo.

A humanidade pode determinar o sexo do indivíduo no mundo físico; mas a força vital é a que o determina nos mundos internos; por isso, veem-se homens amulherados e mulheres viragos.

75. A sagrada energia criadora obedece, como todas as coisas, ao pensamento do homem. O tipo altamente espiritual trata sempre de espiritualizar a matéria, e seus pensamentos buscam a união de todas as coisas. A energia de tal ser não pode estanciar muito tempo no mundo físico e volta a seu mundo mental superior e espiritual, ao passo que o ser de tendência material arrasta, pelo pensamento, a Energia Vital para o mundo físico. Pode criar neste mundo, porém à maneira de animais.

76. "E os dois serão um", disse Jesus, falando do matrimônio. Até hoje, raríssimas vezes pudemos ver o matrimônio ideal de que fala o Nazareno.

Todas as uniões atuais são formadas no mundo do desejo e do físico; raras são as que chegam ao mental, e mais raras ainda as espirituais.

A verdadeira união do homem e da mulher deve chegar até o sexto plano, senão nunca serão um só corpo. As uniões atuais, olhadas pelo prisma espiritual, são concubinatos voluntários ou impostos. Quando a união dos dois seres não chega a todos e a cada um dos corpos internos, é uma união animal, que apenas pode abranger os três corpos inferiores. O amor terno e profundo, que começa do mental superior para cima, carece do conceito da união sexual, e quando um matrimônio não atinge a união mental, é um matrimônio desgraçado, porque foi elaborado no desejo animal ou no interesse pessoal.

77. Quando dois seres de sexo opostos encontram a

união mental e conseguem ambos resistir à pressão da energia criadora no físico, essa energia forma, no mundo físico, um circuito e volta ao divino levando com ela a mente dos dois seres.

78. Já se disse que o corpo tem sete plexos, dispostos em diferentes lugares do corpo e que certos temperamentos são mais projetores que atrativos, e que em outros ocorre o inverso, mas o que houver alcançado o equilíbrio completo será um Deus.

Observamos que raro é o indivíduo que chega a semelhante estado, salvo alguns gênios e, ainda esses, só num tempo determinado de sua existência.

O objetivo da união das duas polaridades do corpo é a divinização do homem, e esse método seguem-no somente uns poucos iniciados; porém a união casta do homem e da mulher conduz ao mesmo fim.

Também vimos que a verdadeira união do homem e da mulher deve atingir os sete plexos ou mundos como anteriormente lhe chamamos; porque, realmente, cada plexo é um mundo em si mesmo e, se a união não se produzir nos sete, é união imperfeita por ser incompleta.

79. A união de dois seres de diferentes sexos deve alcançar todos os sete plexos, porque as polaridades dos plexos masculinos são diferentes das do feminino e, ao unirem-se, produzem equilíbrio. Todavia, temos de distinguir entre união sexual e união de duas almas, com ou sem matrimônio, coisas muito diferentes.

80. Se dois seres instintivos dos dois sexos se unem, a união será animal, como sucede nos bordéis, e o equilíbrio traduz-se na satisfação de um instinto que reside no plexo prostático, positivo no homem e atrativo no seu correspondente, o útero na mulher. Neste plano, unem-se os opostos pela diferença corporal e vibratória que há entre os dois. Este plexo exerce sua influência no olfato e na sexualidade. Esta união permanece apenas durante o ato.

81. Quando dois sensitivos despertam ou desenvolvem paixão similar, o semelhante atrai o semelhante, o homem e a mulher não vão diretamente ao ato; ele tem de *conhecê-la* primeiro, e esse conhecimento dura enquanto se mantenha o desejo. Nessa união trabalham somente os plexos inferiores prostático e sacro; este último exerce sua influência no estado psíquico do homem e desperta nele a clarividência.

82. A união no terceiro plano pertence ao plexo inferior umbilical e depende da simpatia emocional e das ideias concretas, porque este plexo é o centro da emotividade; é também dessemelhante no homem e na mulher. Esses seres permanecem unidos enquanto dure a necessidade. O plexo umbilical atua no ouvido e na voz, e outorga a clariaudiência.

83. A quarta etapa da união pertence ao coração ou ao plexo cardíaco, que influi na vista. Outra vez aqui se atraem os semelhantes e ambos os seres sentem, na união, grande contentamento e satisfação mútua; porque a simpatia os une pelo mesmo interesse e tal união pode durar até a morte.

84. Da quinta etapa em diante podem os seres ter união sexual embora jamais a busquem; a união será puramente intelectual. Os dois seres serão dessemelhantes em seus plexos faríngeos, porém serão ambos bons companheiros malgrado sua diversidade de opiniões em vários modos de ver. Tais seres podem reencontrar-se em muitas vidas.

85. O sexto plano da união pertence ao plexo frontal. A união será puramente espiritual, porque ambos tendem ao mesmo ideal e, por consequência, suas polaridades serão semelhantes e se atraem. Esse plexo influi no tato. Só se unem neste mundo aqueles que pertencem a um mesmo raio espiritual.

86. No Sétimo, os dois serão um e já não há nem masculino nem feminino; nem positivo nem atrativo. Ambos serão andróginos e neutros, isto é, possuirão os dois elementos em equilíbrio.

87. Do exposto se desprende que o sagrado mistério da união sexual tem por objetivo o equilíbrio entre os dois seres para que ambos, ao se sentirem um, aprendam o mistério da união e a volta para a divindade. Para chegar a esse grau de perfeição, deve-se buscar o matrimônio perfeito ou a união perfeita.

88. A união perfeita deve abranger as sete fases ou os sete plexos, ou mundos.

Na união física deve haver desejo mútuo.

O amor une os desejos.

A união dos desejos conduz os cônjuges a adquirir conhecimento um do outro.

O conhecimento mútuo torna-os amigos.

A amizade no mundo intelectual outorga-lhe espiritualidade ou crença espiritual similar.

A espiritualidade similar, em dois seres de sexo oposto, abre a porta para a unidade, que é equilíbrio.

89. Antes de Cristo, as seitas proibiam o matrimônio entre seres de diferentes castas ou religiões, porque compreendiam que tais seres jamais poderiam chegar à união completa, visto a diferença de costumes, crenças e religiões; porém, depois de Cristo, esses matrimônios já são frequentes e até necessários.

90. Os antigos deixaram-nos vários símbolos gráficos e escritos sobre a dualidade: Miguel e Satanás; a luta de Jacob com o anjo; os dois querubins na arca; Caim e Abel; a árvore da ciência do bem e do mal etc.

Esses símbolos estão no corpo humano e sujeitos à dupla lei.

91. Vemos, em primeiro lugar, que os plexos são condutores dessa energia. Quando ela chega a certo ponto de abundância, produz uma pressão que traz consigo movimento.

92. Cada plexo pertence a uma das duas polaridades magnéticas: uns são positivos, projetores, e outros negativos, atrativos. Quando se unem dois seres de sexos diferentes, o fluido projetor do primeiro irá aos plexos atrativos do segundo e vice-versa.

93. Quando os projetores realizam maior movimento, o ser, por meio do pensamento, pode dominar, do plano físico, outros seres que habitam nos outros planos e deles servir-se.

Quando o fluido atrativo é maior, pode o homem receber sabedoria de mais além.

94. O Iniciado deve desenvolver em si as duas polaridades para aprender e projetar seu saber sobre os demais.

95. Esse desenvolvimento pode efetuar-se de dois modos:

1º pelo método da Ioga e obediência ao Sermão da Montanha;
2º pelo matrimônio perfeito.

96. O primeiro método foi desenvolvido anteriormente, e o segundo tem de ser praticado com base na pureza. Nem todos os temperamentos podem seguir um só método; porém, não é difícil unir os dois e chegar ao mesmo fim.

97. Para alcançar a fortuna material (riqueza, glória, fama, amores etc.), cumpre desenvolver os plexos atrativos, que são o prostático, o sacro e o coronário ou pineal; porém se no homem domina a natureza inferior, o desenvolvimento desses plexos faz dele um banqueiro neurótico ou um trapaceiro; atrai a ideia, porém nunca a projeta em benefício dos demais.

98. Ao contrário, se é verdadeiro espiritualista, em vez de atrair dinheiro, receber formidável poder psíquico, e como os outros plexos estão nele desenvolvidos, projeta sentimentos e pensamentos que são capazes de revolucionar o mundo.

99. Quando um homem desenvolve os plexos, põe-se em relação com a atmosfera dos elementais. Estes o ajudam e lhe ensinam seus mundos, tornam-no mais atrativo para o êxito material e são ao mesmo tempo, potente projetor espiritual. Por meio deles, leva a cabo grandes obras, e eles lhes ensinam descobertas e inventos destinados à maior felicidade da humanidade; porém, os que são somente atrativos e cujos fins são o proveito pessoal, ficam abandonados ao elementais inferiores.

100. Desenvolver um plexo é aumentar sua elasticidade. Os meios de aumentar essa elasticidade já os indicamos:

1º aspiração, respiração e meditação;
2º magia sexual.

Ambos os métodos produzem o equilíbrio, porém o segundo é mais violento, e, portanto, perigoso.
Este é o mistério da serpente.

101. A magia sexual, ou a unidade do binário, homem e mulher, aviva os plexos atrativos nos seres receptores, e portanto, o olfato, os órgãos sexuais, o paladar, o êxtase e a atração; ao passo que a espiritualidade desenvolve os projetores. Tenha-se bem presente que falamos em magia sexual e não em libertinagem sexual.

102. Com a castidade, na união do binário, é muito mais poderoso o homem ou a mulher, porque aumenta ou expande a elasticidade de todos os seus plexos e nesse estado será servido pelos elementais.

103. A conjunção do homem com a mulher foi a primeira causa do desequilíbrio; todavia, o equilíbrio está e estará sempre nessa união.

104. Toda união sexual impura produz diminuição do equilíbrio nervoso; esse desequilíbrio passageiro é o que provoca as lutas e as guerras entre os indivíduos e entre as nações. Esse desequilíbrio dota certas pessoas neuróticas de atração; com ela exercem sobre os demais suas influências, e serão condutores e ditadores das nações. Esses seres estão influenciados pelo desequilíbrio dos demais; são a criação do desequilíbrio na unidade sexual.

105. Enquanto isso, o iniciado aspira sempre a restabelecer, por meio do binário, o equilíbrio entre os homens, e a luta será árdua e eterna.

106. A chave da dualidade, que conduz à unidade no reino do interno, está na mulher. Aqueles que duvidam dos seus conhecimentos nesse estudo, podem estudar e meditar a ladainha da Virgem Maria.

107. A meditação deve ser mística; então pode o aspirante compreender o papel do elemento feminino no mundo e dentro de si mesmo.

10. A unidade na trindade

108. A unidade superior, da qual partem duas linhas divergentes, operou sua reprodução pelo binário ou dualidade; mas essas linhas divergentes seriam inúteis se não se unissem em algumas partes. A união dessas duas linhas leva-nos forçosamente ao ternário ou trindade.

Já se disse que o homem é uma unidade completa pela direita e pela esquerda, porque, primitivamente era andrógino; porém, desde a separação dos sexos teve de unir-se à mulher para voltar ao equilíbrio intermediário ou princípio da harmonia.

109. Pai e Mãe geram o filho; o enxofre e o sal produzem o mercúrio. O céu e a terra geram o homem, a criatura mais perfeita que realiza a união do superior com o inferior.

Toda trindade resulta de uma dualidade.

Um triângulo dentro de um círculo é o mais adequado símbolo para representar a trindade dentro do absoluto.

Os três princípios são deuses, mas não o absoluto.

Os três princípios encontramo-los em todas as religiões, e disso deduz-se ser a trindade dogma universal.

110. O homem-Deus é trindade manifestada em corpo. A primeira dificuldade com que a mente esbarra é a de compreender completamente, não o que é o homem, mas o contrário, o que não é ele.

Nesse capítulo não pretendemos falar sobre a trindade nem explicar o que é; apenas desejamos compreender como se produz, pela união da dualidade, no homem, já que vimos, no capítulo anterior, como se efetua a unidade pela união do homem com a mulher.

111. As duas correntes provindas do EU SOU vitalizam, descendo, o sistema simpático e nervoso; mas quando essas duas correntes se unem numa parte inferior da medula, formam o circuito da força, ou terceiro elemento, que tem de subir de novo à cabeça. Esse mistério está simbolizado pela ascensão de Cristo ao céu.

O EU SOU trata sempre de absorver todos os nossos pensamentos e devolvê-los à sua fonte primitiva.

112. Já se disse que a energia criadora se forma pelo contato das polaridades no corpo humano, e sabemos que a positiva, ou projetora, desce pelo lado direito, ao passo que a passiva ou atrativa pelo lado esquerdo. A primeira é força solar e a segunda é força lunar.

Conforme se vai unindo o fluxo dessa energia dual, começa a terceira a operar no corpo e a atuar na saúde e bem-estar do organismo físico.

113. Em linguagem mística denominam-se essas três

forças, eletricidade; fogo serpentino, e a última, energia da vida, totalmente distinta da vida.

114. Por todos os centros magnéticos do homem fluem essas três energias. A energia descendente pela direita é a eletricidade positiva; é a parte da ação do primeiro princípio da divindade interna.

A energia descendente pela esquerda é o segundo princípio que, como a primeira, se diferenciou de si mesma e se manifestou em todos os planos; como vida, vivifica as diversas capas da matéria dos corpos mental e astral; de modo que no corpo físico, na parte superior do corpo de desejos ou astral, se manifesta em nobres emoções, e na parte inferior, num impulso de vida. Essa força se manifesta do corpo de desejos e ali por meio dos centros magnéticos se expressa a terceira energia chamada fogo serpentino, resultado da união dos dois Princípios.

115. A terceira é fogo e luz; é a manifestação, no plano físico, das duas polaridades opostas. As três existem em todos os planos e em toda forma.

A energia do fogo que se acha no coração ou centro da terra tem muita relação simpática com o fogo no corpo humano.

Essa terceira energia desce dos planos superiores à matéria e, chegada ao plano inferior, ascende pelo mesmo caminho por onde desceu.

116. A energia triuna no sétimo mundo superior desce por várias ramificações ou condutos e, ao juntar-se de novo no primeiro mundo inferior, volta a subir; de modo que observemos a latente energia de Deus tanto por baixo, da Terra, como por cima, do sétimo céu. Quando desce, está o homem dela inconsciente, mas quando sobe, sente ele sua manifestação em si.

117. A terceira, procedente da dualidade, é o fogo criador que desempenha a manifestação consciente na vida do homem. Não só é inofensiva, senão benéfica e atua sempre levando a cabo sua obra, embora esteja o homem inconsciente de sua presença.

Esse fogo, ao descer, manifesta sua energia em todos os seis planos, distintamente, um do outro. Do sexto plano para baixo começa sua criação até chegar ao último, o físico. Aqui sua manifestação é mais perceptível que nos outros superiores.

118. A Trindade manifesta-se em cada plano por meio de um centro magnético no corpo. As duas correntes polarizadas fluem pelo interior e em torno da coluna vertebral de todo ser humano; são como o bemol e o sustenido da nota fá da natureza humana.

119. Esses três ares vitais estão regidos pela vontade. O desejo e a vontade são, respectivamente, o aspecto inferior e superior da mesma potência.

A pureza nos três condutos ou canais é tão necessária

que, sem ela, não haverá boa circulação, a qual, do conduto central se distribui por todo o corpo.

Os canais positivo e negativo funcionam à margem da curvatura do cordão central e acionam a livre e espiritual corrente central. Têm condutos distintos para se unirem entre si, pois, do contrário, inúteis seriam suas irradiações, como os dois polos da eletricidade quando separados.

120. As religiões e a Maçonaria dividem seus mistérios em graus.

O primeiro grau na Maçonaria e o batismo na religião têm por objetivo despertar o aspecto feminino da divindade no homem. Isso facilita ao candidato o domínio das paixões e emoções.

O segundo grau e a confirmação despertam o aspecto masculino a fim de dominar a mente.

O terceiro grau ou comunhão acorda a energia central para que o homem possa comungar com seu Deus Íntimo.

Na mulher estão invertidas essas posições: o positivo está à esquerda e o negativo à direita.

Quando se unem os dois condutos medulares da coluna vertebral, parecem duas serpentes que simbolizam a serpente ígnea ou fogo criador que se move na orla do canal medular até formar um cetro que se eleva aos planos superiores, e assim se obtém a figura do caduceu de Mercúrio.

121. O fogo criador que flui ao descer e ao subir pelos três canais, especializa-se de dois modos durante seu fluxo. Esse fluxo é, ao mesmo tempo, masculino e feminino quando sua energia passa pelo lado direito ou esquerdo. O feminino passivo é a mãe do mundo, e seu lar é certa câmara do coração; porém, quando o fogo se dirige pela direita e chega ao centro básico, é quase todo ele masculino ativo.

No conduto central, acima e abaixo, conserva sua neutralidade ou proporções originárias.

122. Quando ascende pela coluna vertebral, impregna intensamente a personalidade do homem e, chegando acima, é transformado no particular fluido nervoso, com o selo de suas qualidades especiais.

123. Quando os dois princípios se unem no mundo divino do homem, formam a trindade do absoluto no centro coronário. Nesse centro, Deus triuno é a unidade do todo.

Unidos os dois no sexto mundo, no centro frontal, formam a trindade da mônada ou o espírito virginal, diferenciado em Deus, antes de baixar à matéria. Este mundo se chama monádico.

Juntos no quinto mundo, que corresponde ao centro faríngeo, formam a trindade do espírito divino. Este centro é o berço da mais elevada influência espiritual no homem; é o mundo do verbo.

Quando se unem no quarto mundo ou coração, temos a Trindade do Espírito da Vida, chamado mundo Intuicional.

Unidos no terceiro, o umbilical ou plexo solar, formam o Espírito humano mental.

Quando se unem no segundo, o sacro espinhal, produzem, como terceiro elemento, o desejo no mundo dos desejos.

E por fim, quando se unem no pélvico, o terceiro elemento é o físico, ou o mundo físico.

124. A Energia Triuna, ao conectar-se nos bulbos de todos os centros vertebrais, brota como fogo e luz pelos centros magnéticos para dentro e para fora. Os dois aspectos combinados ou unidos num centro traduzem-se em poder magnético pessoal no homem. Esse poder vivifica todos os gânglios e plexos quando flui pelos demais nervos e mantém a saúde pela temperatura do corpo.

Esse fluido nervoso, resultado da combinação de ambas as energias, é lançado para cima e para baixo, para dentro e para fora. Do ponto de sua união, vibra no sistema simpático e manifesta seu calor e luz no sistema nervoso.

125. O sistema simpático consiste em dois cordões estendidos por quase toda a coluna vertebral, de um e outro lado e um pouco à frente de seu eixo. Desses dois cordões partem os nervos simpáticos que formam os plexos, dos quais derivam outros nervos que formam gânglios menores com as arborizações terminais.

Não obstante, ambos os sistemas, o simpático e o nervoso, estão relacionados por diversos meios e por grande número de nervos conectores.

Nos gânglios menores se acha um diminuto grupo de células nervosas, enlaçadas por tênues ramificações. Esse grupo se forma por agregação de matéria astral ou de desejos para receber impulsos do exterior e responder-lhes.

As vibrações passam desses centros aos outros centros etéricos, de pequenos vórtices que absorvem partículas de matéria física densa e acabam por formar uma célula nervosa ou grupo delas.

126. Os centros físicos recebem vibrações do mundo físico e devolvem impulsos aos centros de desejos e, por outra parte, repercutem no sistema nervoso cérebro-espinhal que tem íntima relação, em suas operações inferiores, com o simpático.

127. O sistema cérebro-espinhal forma-se por impulsos originados no plano mental, ao passo que o simpático se forma do plano astral ou de desejos.

Dessas indicações podemos deduzir dois importantes pontos:

1º A energia dual, ao descer, baixa pelos dois cordões simpáticos para depois subir pela coluna vertebral com mais força que pelo simpático.

2º Que, para regressar ao mundo interno espiritual, é forçoso atravessar primeiro o sistema simpático até chegar ao espinhal, como se expôs no capítulo "Generalidades".

128. Quando a energia triuna segue o rumo ascensional e é equilibrada, cria no centro sacro ou básico a piedade, o carinho, a compaixão, a fecundidade e a castidade; se sai ao mundo físico sem freio, ocasiona a luxúria, a indiferença, a esterilidade e o egoísmo.

Esse centro é o que outorga à mente o conhecimento do bem e do mal, isto é, das leis harmônicas e divinas.

129. Antes de prosseguir, temos de voltar nossa atenção para a joia cabalística chamada o *Apocalipse* de são João. Nessa revelação estão encerrados todos os mistérios do homem. Tomemos os versículos que de momento nos interessam.

130. No capítulo primeiro, vers. 1, diz:

"Revelação de Jesus Cristo, que Deus lhe deu para manifestar a seus servos as coisas que convém serem logo feitas; e declarou, enviando-as por seu anjo, a João, seu servo".

Esse versículo relata-nos que o Íntimo outorga ao Cristo no homem essa sabedoria do futuro ou "as coisas que convém serem feitas logo" dentro do homem e que o Cristo se vale do seu anjo que reside na metade do sistema nervoso para fazer chegar essa sabedoria ao iniciado, no mundo interno.

Vers. 3. "Bem-aventurado o que lê e ouve as palavras desta profecia e guarda as coisas que nela estão escritas (dentro do mesmo homem), porque está próximo o tempo da iniciação interna."

Vers. 4. João às sete Igrejas que há na Ásia (sete centros que se acham no corpo humano: pois que, ao tempo de João, não existia nenhuma igreja das sete mencionadas naquele continente). Graças a vós e paz daquele que é, era e há de vir, dos sete Espíritos que estão diante do seu trono. (Já sabemos que o trono do Íntimo é o corpo e os sete espíritos são as sete entidades angélicas que regem os sete centros de poder no corpo).

Os versículos 5, 7 e 9 referem-se ao Cristo que morreu no homem e os demais versículos descrevem, alegoricamente, esse mesmo Homem-Cristo, homem-Deus quando chega a identificar-se com o Íntimo que lhe outorga a Sabedoria, explicando-a no versículo 20, que diz: "O mistério das sete estrelas que viste à minha direita e os sete candelabros de ouro. As sete estrelas são os anjos das Sete Igrejas, e os sete candelabros são as Sete Igrejas".

131. No capítulo segundo trata dos quatro centros inferiores, que são: o fundamental ou básico, o esplênico, o umbilical e o cardíaco; ao passo que no terceiro capítulo fala dos três superiores, o laríngeo, o frontal e o coronário.

Desde o versículo primeiro até o sétimo trata do plexo pélvico ou coccígeo espinhal e seu anjo; o *Apocalipse* dá-lhe o nome de igreja de Éfeso.

Nessa igreja ou centro, manifesta-se o Íntimo em seu aspecto de poder criador. O homem, nesse plexo, é tão criador como Deus; porém, antes de tudo e sobretudo, deve criar levado pela caridade e amor como Deus, e não pela animalidade e instinto, "porque, senão, virei a ti e moverei teu candelabro de seu lugar, se não te corrigires". Quer dizer, a consciência da dor, das enfermidades e das tribulações, que são as consequências da luxúria e da concupiscência, vem sobre o homem e o castiga pela desobediência cometida contra a lei do EU SOU, e moverá o candelabro do seu lugar, isto é, o homem deixará de ser criador.

Porém "ao vencedor darei de comer da árvore da vida, que está no meio do paraíso de meu Deus".

Isso quer dizer que, quando o iniciado equilibra em si as duas forças para que nasça nele o terceiro elemento, pode provar e sentir o fruto da árvore da ciência do bem e do mal; não morrerá e se cumprirá nele o dito pelo Senhor Deus. "E eis que Adão se fez um de nós sabendo o mal e o bem".

Porque agora os mesmos querubins lhe entregam a espada que jorrava chamas para que possa cortar o nós que impedia sua entrada no jardim do Éden; eles mesmos o ajudam e lhe indicam o caminho que leva à árvore do bem e do mal, porque o homem, por sua iniciação interna, se converte, conscientemente, em Deus.

132. Quando a energia triuna sobe até o plexo e centro esplênico, produz no homem o conselho e a justiça. Esse centro está situado no baço e sua função é difundir a

vitalidade dimanante do Sol. É como o prisma que divide o branco em seis cores necessárias para a vida do homem, ou, em outras palavras, reparte no corpo as seis modalidades de energia vital. Suas cores são: vermelho, alaranjado, amarelo, verde, azul e roxo, as mesmas do espectro.

O *Apocalipse* chama-lhe anjo da igreja de Esmirna e dedica-lhe quatro versículos: 8, 9, 10, e 11. É outro centro criador e é o conduto por que passa a vida à matéria inerte.

Esse anjo, nessa igreja, é o condutor de um éter cujo objetivo é a mantença da forma individual.

A energia da vida penetra e sai desse centro, é condutor das forças que mantém, na espécie, o poder de propagação.

O polo positivo desse centro na fêmea durante a gestação capacita-a para criar um novo ser; a força negativa produz o sêmen no macho. O demônio ou inimigo oculto no homem, como diz o versículo 10, apodera-se dos átomos de propagação no homem e na mulher e os atira em seu cárcere para empregá-los no cumprimento dos seus fins, isto é, aplicando os átomos da energia criadora na destruição.

Ao que é fiel até a morte dará o Íntimo a coroa da vida e o iniciado que vier não receberá dano da segunda morte ou morte do corpo de desejos, depois do físico, morte muito horrorosa para os que buscarem prazer no ato sexual.

133. Quando a energia ascende, pela aspiração voluntária e pura ao centro umbilical ou plexo solar, aí se operam sentimentos e emoções de diversa índole. Nesse centro, adquire-se conhecimento e prudência. São João chama-lhe anjo da Igreja de Pérgamo, "e onde mora, está a cadeira de Satanás". Efetivamente, nessa região se trava a guerra entre os anjos dos bons e maus desejos. Nesse centro, o corpo de desejos manifesta seu poder e "ensinava aos filhos de Israel que comessem e fornicassem".

O corpo de desejos é o que obriga o homem a transgredir as leis superiores; porém, quando o iniciado, no mundo interno, recebe do Íntimo o poder do verbo divino como espada de dois fios, vem contra (contra o corpo de desejos inferiores) e ele pelejará contra ele com a espada de sua boca. Ao vencedor será dado maná (mente superior para compreender todas as coisas, quando se desprende de todos os desejos) e uma pedrinha branca, na qual está escrito um nome novo que ninguém conhece, exceto o que o recebe. (São João repete a palavra pedra em vários capítulos do *Apocalipse*. A pedra tem o significado de um signo zodiacal, como foi dito no capítulo quarto da obra *Rasgando Velos o la Revelación del Apocalipse*. Ela representa o verbo do homem; o nome é a palavra perdida, buscada pelos iniciados, símbolo da palavra de poder que o verdadeiro iniciado obtém).

134. A Energia no centro cardíaco subdivide-se em doze raios, concebe a sabedoria divina, a humildade, a modéstia, a intuição etc.

Esse centro é residência do anjo da igreja da Thyatira e o Senhor conhece suas obras de fé, caridade, serviço e paciência; porém, esse centro é como os anteriores, positivo e negativo.

Quando o profano materializa, com seus pensamentos concretos, os desejos inferiores, "permite a Jezabel, mulher que se diz profetisa (a natureza inferior) a pregar e enganar os átomos servos do filho de Deus, fornicar e comer as coisas sacrificadas aos ídolos". E se o homem não põe freio aos desejos e pensamentos destrutivos de sua natureza inferior, "eis que a reduzirei a uma cama de dor, e os átomos que adulteram com ela ver-se-ão em grande tribulação... e castigarei de morte seus filhos, quer dizer, seus frutos... e saberão todas as igrejas que EU SOU o que esquadrinha as entranhas e os corações etc.".

Mas ao Iniciado que vence e guarda as obras do Senhor, os pensamentos construtivos, até o fim, "dar-lhe-ei poder sobre as gentes... e lhe darei a estrela da manhã" que aclara e guia todos os seres, ou, em outros termos, a sabedoria divina.

135. Termina aqui o segundo capítulo com a descrição apocalíptica dos quatro centros inferiores e, no terceiro prossegue o estudo dos três centros ou mundos superiores.

Quando a energia divina ascende, por meio do pensamento, ao centro laríngeo, à igreja de Sardes, o Íntimo nela manifesta seu amor divino, e essa Energia será uma deidade criativa por meio da palavra.

O Cristo que tem os sete espíritos criativos ante seu trono, admoesta-os. "Sê vigilante e fortifica as outras coisas que estavam para morrer... porque se não velares, virei a ti (por meio de minha consciência que falará muito alto) e a tristeza oprimirá o coração".

Porém o prêmio de quem vencer será a pureza perfeita; "será vestido com vestidos brancos (a cor de sua aura que não foi contaminada) e não riscarei seu nome do livro da vida e confessarei seu nome diante de meu Pai e de seus anjos".

Nesse aspecto, o iniciado será Deus na terra e cria por meio do verbo criativo, porque, por meio da invocação materializa o invisível nele.

136. No sexto centro frontal, chamado por são João igreja de Filadélfia, a energia do Íntimo cria pela imaginação ou visualização.

Nesse centro se manifesta o estado espiritual de cada pessoa; se é filho de Deus, se está escrito em sua fronte o nome de Deus ou a marca da besta.

A luz que sai dessa flor, roda ao centro, revela seus pensamentos.

O desenvolvimento dessa Igreja consiste no respeito, abstinência e temperança. Como prêmio, "o que vencer será coluna do templo de Deus e não sairá mais dele (porque já com Ele se identifica) e escreverei sobre ele o nome de meu Deus e o nome da cidade de meu Deus, a nova Jerusalém (o futuro corpo humano que se alçou até a perfeição), que desceu do céu de meu Deus, e meu novo nome".

137. Por último, quando o Íntimo opera por seus três aspectos na sétima Igreja, que se chama Laodiceia, que é o centro coronário, na glândula pineal, produz no homem o poder, a fortaleza e sabedoria divina, origem de todas as coisas, desde o mais sutil até a matéria física densa.

O Eu inferior dos sentidos físicos é orgulhoso de seu intelecto, e às vezes quente por suas paixões ou frio por sua preguiça; ao passo que o Eu superior permanece no homem durante muitas vidas, latentes, nem frio, nem quente.

Este é rico em poderes; porém, por sua indiferença ou cegueira está desnudo e miserável, por não saber empregar o seu poder.

Aconselha-se que compre ouro puro, reformado no fogo da espiritualidade, único fator que pode despertá-lo do letargo e ativá-lo, e unge seu olho interno, glândula pineal, com o colírio da impessoalidade e do serviço para que veja.

"Eis-me aqui! Estou à porta e chamo; se alguém me ouvir a voz e abrir a porta, entrarei e cearei com ele e ele comigo".

Essa energia entra todo mês por esse centro coronário: é a força triuna que penetra nessa glândula quando a lua passa pelo signo nativo de cada indivíduo.

Quando o iniciado no mundo interno compra o ouro puro da impessoalidade, veste-se com a aura branca da pureza e unge seus olhos com o colírio do serviço, deixa penetrar e depois emana do seu centro coronário de mil pétalas a força do Cristo, como semente de todo amor e de todo bem.

138. Então o EU SOU que chama à porta do plexo coronário, ilumina os centros inferiores e ascende nova-

mente à cabeça, céu onde "Eu cearei com ele e ele comigo"; quer dizer, ficarão permanentemente manifestados: o Pai na fronte; o Filho na pituitária e o Espírito Santo na pineal, e o homem desperta no mundo da quarta dimensão.

"Como prêmio, ao que vencer farei sentar-se comigo no trono; assim como venci e me sentei com meu Pai em seu trono", ou seja, sentir-se um com Ele no reino interno, porque já não existe a ilusão da separatividade.

139. Do exposto se deve compreender que o EU SOU no homem cria, nos sete mundos ou sete corpos, por meio de seus sete centros chamados pelo *Apocalipse*, sete igrejas e sete anjos.

Porém, a criação pode ser harmônica ou inarmônica conforme o for a aspiração, inspiração e pensamento.

No plexo básico o homem cria, pelos instintos, um corpo físico.

No esplênico cria o corpo anímico ou vida.

No solar cria o desejo que dá movimento à vida.

No cardíaco cria por meio do conhecimento e da intuição.

No laríngeo, por meio da palavra ou verbo.

No frontal, pelo pensamento e visualização.

E o coronário é a unidade mesma que manifesta a diversidade.

Para que seja a criação harmônica e Divina, deve o homem ter aspiração pura, respiração perfeita e pensamento puro e firme.

Para desenvolvimento de qualquer centro de poder no homem, basta empregar as três condições acima e será perfeito o desenvolvimento.

140. A palavra sagrada AUM dos orientais tem as iniciais sagradas da trindade. A Palavra AMÉM dos ocidentais encerra a mesma trindade.

11. O que deve saber e praticar o mestre secreto

SABER — OUSAR — QUERER — CALAR
CÍRCULO OU GENERALIDADES

141. O mundo é composto por energias atômicas inteligentes, diversas e infinitas.

142. Todo ser aspira e respira; só o homem aspira, respira e pensa.

143. O Pensamento no homem é a base das suas aspirações e a aspiração forma o futuro do homem.

144. As inteligências, infinitas e diversas, que palpitam na natureza, esperam, ansiosamente, as aspirações e respirações do Rei da Criação, para servi-lo e obedecer-lhe.

145. Quando o pensamento entra nos mundos dessas inteligências, elas se apressam a obedecer, entregando a chave de toda a compreensão.

146. O mundo dessas inteligências é o mundo interno.

147. O que encadeia o homem à sua ignorância são o seu pensamento e as aspirações no mundo externo.

148. Não há inferno nem céu; não existe mal nem bem, senão no pensamento do homem.

149. No pensamento se acha o verdadeiro e o falso. Quando o homem chega a distinguir entre os dois e a desintegrá-los, logra a união com seu verdadeiro EU SOU no Reino do céu.

150. O corpo é a quinta-essência dessas inteligências que residem em todos os seus centros. As inferiores (por outros chamadas más) residem do umbigo para baixo; as superiores, ou boas, do umbigo para cima.

151. O objetivo da vida é converter as inferiores em superiores; assim o homem se converte em Deus.

152. Por onde passa um homem, Deus purifica todos os átomos inferiores e enche a atmosfera de superiores.

153. Pensar alto e aspirar profundamente é atrair para o corpo as mais evolucionadas inteligências.

154. O átomo é uma inteligência viva que rodeia o pensamento, esperando a aspiração e a respiração para nele penetrar.

155. Os átomos são anjos inteligentes que têm, como os homens, hierarquias.

156. O homem em seu corpo é a miniatura do cosmos. Tudo o que está acima é igual ao que está embaixo e tudo o que contém o macrocosmo, o microcosmo contém.

157. O homem que aspira e concentra, abre um caminho direto a seu objetivo.

158. Os átomos anjos que residem no mundo interno do homem são donos de toda sabedoria.

159. Esses anjos internos respondem a toda pergunta dirigida pela concentração firme.

160. A iniciação significa: ir em busca do Cristo, impulso esse que é o iniciador em toda sabedoria. Todo homem é seu próprio iniciador e seu próprio salvador.

161. Quem busca no interior de seu templo vivo, acha o Deus Íntimo que nele mora.

162. Cada centro no corpo do homem, é um grau de conhecimento especial e todos formam uma universidade; devemos cursá-los todos.

163. Cada grau é dirigido por um Deus-mestre. Todos os seus ensinos são internos. O homem só consegue entrar nesses cursos pela aspiração e aprendê-los pela concentração.

164. A concentração é a ponte estendida do nosso corpo ao Íntimo Infinito e para com Ele comunicar-nos.

165. Respirar é viver; meditar é criar.

166. O corpo físico é como um país governado por várias hierarquias de governo. Seu rei é o pensador, seus governantes são os pensamentos e seus obreiros obedientes são os átomos.

167. Um pensamento são, uma aspiração pura e uma respiração completa e perfeita vitalizam todo o corpo.

168. O vale que separa nossa mente do EU SOU pode ser vadeado pela meditação aspirada.

169. Uma meditação sobre o puro e o justo recompõe a atmosfera dos nossos anjos trabalhadores.

170. A concentração voluntária e perfeita une os elementos da mente com a consciência da Natureza.

171. Quando o homem medita e aspira, todo o seu corpo se converte em filtro, absorve muita força para dentro e essa força forma ao redor do corpo uma armadura protetora que impede a penetração das forças destrutivas.

172. Temos de meditar até obter um pensamento próprio e força própria, e não recorrer a outros seres pedindo-lhes proteção.

173. O pensamento próprio vem do interior, e é ele o que nos guia no caminho da evolução e da libertação.

174. A meditação sobre o Íntimo rasga a atmosfera que cobre a sabedoria divina, herança de todo homem.

175. Os arquivos da sabedoria divina estão em mãos dos anjos da luz que nos circundam e vivem em nosso corpo. Para possuir essa sabedoria, temos de conquistar esses anjos com a contemplação e a aspiração.

176. O homem atual trabalha com a metade de seus anjos ou átomos; quando logra estimular a outra metade, sua união será consciente e perfeita com Deus, e converter-se-á em uma coluna no templo do reino interno.

177. O homem é bom ou mau, consoante a qualidade dos anjos nele prevalecentes.

178. Temos de considerar, de uma vez por todas, que cada átomo é um anjo bom ou mau, superior ou inferior. Uma Inteligência superior pode comunicar-se com a mente humana por meio de seus anjos superiores e elevados, e uma inferior por meio de anjos inferiores.

179. A saúde física, psíquica e mental é o único poder a que se submetem os anjos bons internos, ao passo que a enfermidade é quase sempre instrumento dos inferiores.

180. Todo excitante estimula o sangue e com ele os átomos inferiores alojados abaixo do umbigo. Estes, excitados, obstruem o caminho que conduz ao Reino Interno e comunicam-nos suas próprias instruções falsas e malignas.

181. Meditação e aspiração puras abrem a porta do coração, que leva aos diversos departamentos do reino. A frase *porta do coração* não é termo poético, mas é verdade. No coração há uma portinha de escape custodiada pelo átomo *nous* do logos que a abre ou fecha segundo a qualidade do pensamento.

182. Um pensamento de sacrifício e salvador pode abrir a porta do coração para descer, como Cristo, ao inferno; salvar os átomos do bem encadeados ali e subir com eles novamente ao céu da cabeça.

183. O átomo demônio ou inimigo que reside na parte ínfima do sacro no homem, intenta sempre enviar seus anjos malignos ou átomos ao coração; porém, a porta está sempre fechada para eles.

184. Todas as células do homem pensam e toda célula pensante alimenta-se dos átomos que penetram pela respiração.

185. O melhor alimento das células é o pensamento puro.

186. Pensamento puro e respiração solar absorvida pela narina direita queimam todos os resíduos impuros que possui o homem do século XX.

187. A contínua aspiração, respiração e meditação puras comunicam o homem com as mais elevadas vibrações do absoluto Íntimo e então ele adquire um poder mental ingente para dirigir a humanidade.

188. O homem tem muitos inimigos secretos que o perturbam durante a concentração e aspiração; para vencê-los tem de dirigir o pensamento ao plexo solar, na região do estômago. Nesse plexo residem as forças luminosas. Estas abrem caminho ao pensamento, e o guiam para cima pela medula espinhal até chegar à consciência do Real interno onde mora todo o saber e toda a felicidade.

189. Na medula espinhal e suas ramificações encontram-se todas as ciências do mundo, desde o princípio. Cada inteligência angelical que nessas regiões reside é um arquivo de saber: inventores, poetas, artistas, gênios etc., se são bons, recebem suas inspirações da parte superior, e se são maus, recebem-nas da inferior.

190. O libertino não pode penetrar nessa universidade porque seu plexo solar carece de energia de luz ou de anjos luminosos que lhe abram o caminho.

191. A energia criadora do sexo tem de encher com seu poder todos os centros magnéticos e convertê-los em sóis na densa escuridão do corpo. Esta força da luz criadora mantém a saúde do corpo, da alma e dos átomos dentro e fora do corpo.

192. Cada centro de poder tem direta comunicação com o Íntimo por meio da energia criadora; porém, desde que decresça tal energia, corta-se a comunicação.

193. Dentro do homem, há dois princípios ou duas forças às quais as religiões dão o nome de boas ou más. Os ocultistas chamam-nas positivas e negativas; os alquimistas dizem-nas rápidas e lentas; outros, harmônicas e desarmônicas, Cristo e Anticristo etc.

194. O princípio do bem está representado por um átomo divino, chamado pelos ocultistas *átomos nous* ou consciência divina e residente no coração, cujos impulsos são construtivos. Esse átomo é a encarnação do segundo atributo da divindade, que se acha na glândula pituitária. É a deidade manifestada da causa que permanece oculta.

195. O princípio do mal reside em outro átomo, na parte inferior da espinha dorsal, e seu impulso é destrutivo. Chamemo-lo: rei do mal ou rei do inferno.

196. Ambas as entidades têm legiões de anjos atômicos às suas ordens e ambas lutam para atrair o homem.

197. O impulso de *nous*, ou impulso crístico, domina o mundo interno e trata de absorver o pensamento do homem para esse mundo; o impulso de Lúcifer, chefe dos anjos rebeldes, domina o mundo externo e conduz o pensamento do homem para esse mundo.

198. O reino de Lúcifer vai do umbigo para baixo e nessa parte se acha escrita a memória do passado. O reino de *nous* está no peito onde estão gravados os arquivos do presente. Na cabeça reina o Pai e em seu domínio estão os arquivos do futuro. Com letras de fogo estão escritas as vidas passadas.

199. Não há bem nem mal, como os entende a humanidade; só há diferença de vibrações.

200. As vibrações tornam-se rápidas ou lentas, conforme o impulso e a índole do pensamento.

201. Lúcifer é o impulso que limita nossos pensamentos e nos aprisiona a mente na atmosfera do mundo externo.

202. O *nous* é o impulso que nos livra dessa limitação e dessa prisão para converter-nos em amos do mundo.

203. O Átomo Lúcifer evoca todos os átomos maus captados por nossos maus pensamentos desde nossa aparição no mundo, para formar com esse exército seu reino inferior (inferno) e dominar o mundo externo.

204. Cristo, por meio do átomo *nous* onde reside seu impulso, evoca todos os átomos bons para livrar o homem do inferior e fazê-lo penetrar no reino interno do Íntimo onde não há nem bem nem mal.

205. Não há céu nem inferno como não há mal nem bem; existem só vibrações rápidas e vibrações lentas. O conjunto das vibrações rápidas forma uma entidade que se chama Eu superior e o conjunto das vibrações lentas chama-se Eu inferior ou natureza inferior. Mais adiante falaremos desses poderes no homem.

206. Quando um homem transforma suas vibrações densas e lentas em sutis e rápidas, diz-se que se tornou salvador do mundo, ou um Cristo e, quando transforma suas vibrações rápidas em lentas, converte-se em Anticristo.

207. O pensamento é que faz do homem Cristo ou Anticristo, ou melhor, é o pensamento que manifesta o Cristo ou o Anticristo no homem.

208. A força Anticristo nunca pode penetrar mais acima do umbigo, porém pode atrair ao inferior pensamentos cheios de átomos destrutivos. Todos os inventos da guerra atual são pensamentos utilizados pelo Anticristo no mundo objetivo.

209. Ninguém pode ascender ao seu céu se, primeiro, não descer ao inferno ou inferior do seu corpo. Daí pode escalar a matéria, como fez Cristo para salvar os anjos que foram atraídos pelo pensamento dos homens até aquelas regiões.

210. Todo homem deve chegar à estatura de Cristo para salvar aqueles anjos encadeados; senão, terá por inimigo terrível o fantasma do umbral (do Eu inferior) que pode enlouquecer todo aquele que não seja Cristo. A única arma contra essa entidade, criada pelo próprio homem quando baixa ao inferno pela tentação, é elevar o pensamento à cabeça, residência das três manifestações do Absoluto.

211. O fantasma do umbral é um anjo tenebroso formado pelo acumulado mal das vidas passadas. É o lugar--tenente do demônio e reside no eixo inferior da espinha dorsal.

212. O Eu superior, inimigo terrível do anterior, está representado por Miguel e reside no eixo superior da espinha dorsal.

213. Lúcifer pode atrair do cérebro esquerdo todos os átomos que aprisionam o pensamento aos instintos animais; mas não pode fazê-los de novo subir; no entanto, *nous*, no coração, pode fazer baixar os átomos do cérebro direito, cheios de luz, até o inferno, para salvar seus irmãos presos ali.

214. O Eu inferior é lugar-tenente do átomo inimigo no homem, ou Lúcifer; o Eu superior é o átomo *nous*, manifestação do Cristo.

215. A magia é um poder mental que possui os dois princípios.

216. A respiração pela narina esquerda absorve átomos lunares obscuros, influenciados pelo inimigo interno do homem; entretanto, são eles ao mesmo tempo necessários à vida. A respiração pela narina direita é solar e seus átomos são luminosos. Os que respiram sempre pela narina esquerda têm medo da luz do sol.

217. "Se não vos fizerdes crianças, não podereis entrar no reino de Deus". Quando o homem, por meio de sua aspiração e pensamento, inicia sua entrada no mundo subjetivo, faz-se criança, protegida contra todo mal. É o neófito.

218. A mente que pensa mal ou que causa mal, reabsorve o que emitiu de mal pela respiração, pelo alimento e pela bebida.

219. Os sensitivos e muitas vezes as crianças sentem-se molestadas ao lado desses seres.

220. Tristeza, melancolia, depressão, ira e demais defeitos são arautos do inimigo secreto do homem; pensar felicidade e aspirar alegria é a vassoura que varre e elimina esses mensageiros nefastos ou anjos malignos.

221. Há uma voz no coração que sempre nos fala em cada eventualidade e nos põe de sobreaviso contra toda mente maligna; aquele que obedece a essa voz nunca será defraudado.

222. Uma vez dirigida para dentro a meditação, pode o homem ver, da porta de seu coração, a luta incessante em seu baixo-ventre e sentir as dores e desgraças que aguardam o mundo futuro.

223. O objetivo da iniciação interna é converter o homem em salvador de seus próprios átomos energéticos, convencendo-os de que sejam obedientes ao seu Deus Íntimo; então não haverá mais guerras porque não haverá guerreiros, nem destruição por faltarem destrutores.

224. Só o pensador e seus pensamentos são chamados a livrar o homem e o mundo do poder do mal.

225. O pensamento é como um imã pegadiço: se é mau, atrai espíritos maus que se lhe aderem ao corpo de desejos. Uma vez cheio esse corpo de tais inteligências malignas, debilitam elas o bom que há no homem e o arrastam à ação. Por seus frutos se conhece a árvore.

226. Essas más entidades pululam no baixo-ventre e estão esperando com ânsias um pensamento maligno para converter-se em vampiros e combater as emanações que saem da consciência ou voz do coração.

Uma vez calada essa voz, obrigam o homem a proceder segundo a vontade do rei dos infernos e as obras serão ferocidade e ódio.

227. A energia sexual é uma arma tremenda em mãos da magia quer branca ou negra e, com sua força criadora, pode o homem unir-se com o Íntimo ou, mais facilmente, com o demônio. É o pensamento o que atrai para a espinha dorsal, o fluido sexual para depositá-lo em sua bolsa respectiva. Se é animal ou satânico o desejo causador do derrame desse fluido, o corpo de desejos recolhe dos infernos milhões de átomos demoníacos na proporção dos derramados; mas, se esse fluido for retido por um pensamento de pureza, sua luz voltará ao corpo de desejos e o fluido aparecerá mais astral ou brilhante.

228. O corpo de desejos ou corpo astral é a primeira etapa na senda da iniciação, em que o homem deve vencer nas quatro provas dos elementos inferiores. O iniciado pode relembrar essas provas quando medita no seu centro umbilical, centro em que se unem as correntes do corpo astral.

229. Nossos pensamentos são pegajosos e contagiosos. Enquanto vive, o homem tem de pensar e enquanto pensar tem de absorver átomos, inimigos e amigos, em suas companhias, amizades e ambientes onde vive. Porém, onde há inimigos há guerras. Os inimigos do homem são os de sua casa, diz o Evangelho; são eles os átomos irmãos e parentes que vivem em seu próprio corpo, mais queridos pelo próprio homem que irmãos. No *Bhagavad Gita*, ou *Canto do Senhor*, aconselha Krishna a Arjunta que mate esses parentes e irmãos. Porém, o melhor meio de livrar-se deles, não é matá-los e sim conquistá-los.

Jesus disse: "Se tua mão te escandaliza (isto é, átomos malignos de tua mão), corta-a, porque é preferível entrar no Reino do céu manco a entrar no inferno com as duas mãos". Ora, quando disse isso, não pretendeu dizer que o homem deve realmente cortar o braço e atirá-lo fora, senão que o pensamento deve descer a essas regiões com o fim de salvar. Temos de conquistar e eliminar pela iluminação o exército do inimigo secreto, e este por si mesmo se desintegrará. Esse é o objetivo da Iniciação interna e da descida do Cristo ao inferno para livrar os átomos das garras do inimigo secreto.

230. Existe um adágio oriental que diz: "A mente desocupada é o armazém do demônio". Para nos livrarmos das mercadorias do demônio é mister encher a mente com pensamentos úteis e prósperos.

231. Um pensamento nefasto, sobretudo em dia triste e escuro, enche nosso corpo de desejos com átomos de depressão. O pensamento de amor está simbolizado pelo incenso que, inalado pelo corpo de desejos, muito o aproxima de Deus. Assim, também, um pensamento concentrado comunica o homem com a realidade do ser em que pensa.

232. Seguindo a iniciação interna ou o caminho para o reino, o aspirante ou iniciado deve sofrer várias provas. A própria aspiração à conquista do reino avizinha o homem de seres elementais unidos à mãe natureza e que, em suma, compõem a natureza do homem.

233. Também os elementais são emanações da trindade de Deus no homem; vivem e trabalham conosco; são chamados espíritos ou anjos do ar, da água, da terra e do fogo. Todos esses anjos trabalharam na formação e evolução do homem do passado e continuarão trabalhando no futuro.

234. Segundo o Dogma, há três pessoas em Deus e essas três pessoas não são mais que uma só. Três e um dão a ideia de quatro.

235. Em todas as religiões encontramos os quatro elementais, embora com distintos nomes; porém, nosso objetivo é aplicá-lo ao corpo humano. Os elementais são, em alquimia, o sal, o mercúrio, o enxofre e o azougue. No *Apocalipse* estão representados no trono do Senhor (corpo físico) por quatro animais, tal qual na esfinge da pirâmide do Egito: cara de homem, patas de leão, asas de águia e corpo de touro que, interpretados por quatro verbos, podem combinar-se de quatro maneiras e explicam-se quatro vezes uns pelos outros.

236. Esses quatro elementais são emanação do Íntimo e plasmação do pensamento do homem. Todos têm trabalhado pela formação do homem e continuam trabalhando. Os elementais ou anjos do ar trabalham a mente do homem ou o seu corpo mental; os da água trabalharam e formaram o corpo de desejos; os da terra formaram seu corpo vital e os do fogo formaram o mundo das emoções e dos instintos. Todos esses quatro corpos se interpenetram no corpo humano para formar o homem completo.

O homem crucificado sobre esses quatro elementos pelos quatro corpos se interpenetram no corpo humano para formar os da água em todo o lado direito; os do fogo no peito e os da terra no lado esquerdo do corpo, todos confundidos e interpenetrados.

237. Esses seres são muito amigos do homem que pensa com justiça e sabe aplicá-la, ousa em praticar, saber querer (ou obedecer) a vontade do Íntimo e calar por não desejar recompensa e fama. Convertem-se então em servidores dos gênios e artistas em geral. Plasmam suas características nas obras do homem, segundo a pureza do pensamento.

238. Domina e é servido pelos anjos do ar aquele que dedica toda sua força de pensamento ao mundo interno. Com perfeita concentração pode chegar aos planos da vida espiritual, onde alcança a iluminação. Para dominar os elementais do corpo de desejos ou da água, tem de extirpar as paixões grosseiras e chegar à impessoalidade. Para dominar os anjos do fogo, tem de vencer seus instintos animais, emoções e tudo o que pode relembrar o animal. O domínio dos elementais da terra consiste num jejum racional, limpeza externa e interna, respiração e demais práticas esotéricas.

239. Quando o homem se converte em impessoal, como sua mãe, a Natureza, esta põe sob suas ordens seus elementos e elementais que lhe descobrem leis, filosofias e ciências de todas as idades. Os elementais superiores respeitam e obedecem a todo homem cuja concentração é perfeita. Eles próprios o convidam a que penetre em seu reino para o instruírem na sabedoria superior, escrita nas etapas internas do seu corpo físico. Mostram-lhe as divisões e subdivisões de seu mundo interno e os habitantes de cada divisão. Também lhe ensinam a maneira de vencer as emanações dos átomos malignos. Instruem-no como distinguir as formas do pensamento, as mudanças do corpo e da mente com as estações e os anos. Ensinam-lhe as quatro etapas da vida, o movimento interno do organismo humano e a relação de cada parte do corpo com os mundos e sistemas solares, a circulação do sangue com o movimento universal, a respiração com os períodos do universo etc. (Leia-se o capítulo intitulado: "A iniciação egípcia, e sua relação com o homem", no *Primeiro Grau de Aprendiz*).

240. Quando o homem. pode atravessar e traspassar com o pensamento o corpo ou mundo de desejos, chamado astral, triunfante de todos os elementais inferiores deste mundo, passa a outro mais sutil, cujas forças têm relação íntima com o espírito da natureza. O corpo de desejos é elaborado na região umbilical do homem e manifesta-se no fígado. O terceiro, mais sutil, tem sua parte no baço e manifesta-se no sistema simpático.

241. Quem chega a esse mundo pelo pensamento firme, está em comunicação permanente com as inteligências angelicais, possuidoras da memória da natureza, manifestadas no homem pela intuição, e para ele não haverá passado nem futuro.

242. As religiões valem-se da magia ritualística e simbólica para atingir esse mundo.

243. Os sagrados símbolos como a cruz, o triângulo, o círculo e o selo de Salomão etc., são, no mundo físico, teclas cujos sons se repercutem no sistema simpático, donde o homem recebe resposta.

244. O significado de cada símbolo é interno, e não como se explica exteriormente. Por exemplo, a cruz não significa morte, e sim, triunfo sobre a matéria; também a fábula encerra verdade profunda.

245. A meditação sobre um símbolo sagrado atrai à mente átomos sagrados de luz e sabedoria, assim como atrai para o sistema simpático as vibrações do santo, de modo que a Igreja Católica não errou ao colocar em seus altares os símbolos e imagens de verdadeiros santos.

246. Para cada qualidade e virtude há um símbolo, assim como existe uma palavra para cada ideia; até hoje não acodem à mente mais símbolos, porque não os aprendeu nem compreendeu sua lição nos atualmente existentes.

247. No sistema simpático compreende o homem o significado do Gênese e percebe que nele se acham os *Eus*: Eu superior e Eu inferior; Arcanjo Miguel e Arcanjo Lúcifer. O primeiro é a reunião de tudo o que é bem feito pelo homem, e o segundo, a aglomeração de todo o mal. O primeiro é luz, reina sobre os anjos da luz e está sempre em presença do Íntimo. Reside na parte superior da espinha dorsal. O segundo são trevas, reina sobre os anjos das sombras e reside na parte inferior da mesma espinha dorsal. Ambos são arcanjos, porém de vibrações diferentes.

248. Exatamente na metade da espinha dorsal se encontra a porta do Éden, donde saiu o homem. À entrada da porta se acham dois anjos: um chamado o anjo da espada flamejante para impedir a invasão da mente inferior no Éden, e o outro é chamado anjo Custódio. Ambos intercedem pelo homem que anseia pela volta à sua morada edênica, ou reino interno.

249. O fantasma do umbral é o agente do princípio do mal. Reside acima do sacro ou eixo da espinha dorsal. Tem por missão aterrorizar o iniciado por mil modos, para vedar-lhe a senda da luz. As provas feitas no corpo ou mundo de desejos nada são ante esta última prova. Quem já meditou na obra *Zanoni*, pode ter ideia do que significa o terror do umbral. O anjo Custódio ajuda o homem que sinceramente deseja a união com seu Íntimo. Quando o homem triunfa e derrota o fantasma do umbral, chega à porta do Éden onde o anjo guardião do paraíso mora. Este anjo lhe entrega a espada flamejante para cortar o nó que estorva a abertura da porta.

250. No sistema simpático podem-se ler as memórias remotíssimas da criação, as vidas passadas da humanidade e deste mundo. Do sistema simpático tiraram as religiões a história de seu gênese: deuses, demônios, céus, infernos etc.

251. O pensamento devocional dirigido pelo anjo da espada livra a mente da ansiedade; a devoção ao arcanjo da luz converte o homem na própria lei natural, e ele poderá ler pela intuição a memória da natureza.

252. O anjo da espada é o que dota o homem do poder de fazer milagres: curar enfermos, ressuscitar os que aparentemente morreram, dominar a magia dos elementais e pôr o homem na situação de escalar e chegar à presença do seu arcanjo. O arcanjo e o anjo da espada regularizam a respiração do homem para que possa absorver os átomos solares e lunares. Com o auxílio desses anjos, podemos cortar as cadeias que nos atam ao animal e abrir a porta da prisão do Íntimo, para que ele manifeste seus poderes fora.

253. O que tem dom de curar deve impregnar o pensamento do enfermo com vibrações positivas e puras para poder vencer, nele, as hostes da enfermidade.

254. Limpando a mente do enfermo com amor, pode invocar seu anjo orando mentalmente, colocando as mãos no meio da espinha dorsal onde ele reside. Nesse estado deve aspirar e respirar átomos curativos e colocá-los sob a direção do anjo que os forma em exército contra os da enfermidade. Todas as curas milagrosas são efetuadas pelo anjo da espada.

255. Excelente hábito será invocarmos nossos anjos antes de dormirmos, porque o homem, durante o sono, viaja muito longe do corpo e deixa sua casa, a qual, se não houvesse guarda, poderia qualquer ladrão dentre os elementais assaltar ou habitar.

256. O Éden ou o paraíso da Bíblia e o reino de Deus do Evangelho são a mesma coisa. O estado edênico ou o reino de Deus representa o estado do homem quando era uno com seu Deus Íntimo.

257. Enquanto morava o homem no jardim edênico, era impessoal, isto é, enquanto seu pensamento e sua alma atendiam sempre às coisas celestiais que residem na cabeça, vivia no paraíso divino impessoal; porém, desde o momento em que o pensamento e a alma quiseram provar da árvore cujo fruto se chama conhecimento do bem e do mal, cederam seus poderes ao desejo e viram-se envoltos por novas e estranhas condições. E assim chegou o homem ao estado incapaz de ver a realidade.

258. Desde o momento em que o homem começou a materializar seus pensamentos divinos e impessoais, teve de cair por força e ser expulso do jardim do Éden, porque, com a aglomeração de seus desejos, criou o intelecto e abandonou a consciência impessoal divina. Com a criação do intelecto, formou novo mundo na parte inferior do corpo e povoou-o de toda classe de átomos atraídos por seus desejos e instintos.
Esse mundo é o inferno.

259. Nesse estado de queda, nunca esqueceu seu estado edênico, reino da felicidade. Tendo muitas vezes intentado regressar ao paraíso mas, ao chegar à porta da entrada, verificava ter seu intelecto criado muitas barreiras intransponíveis, como os querubins com a espada flamejante e o fantasma do umbral de que já falamos. Então começou a estudar o bem e o mal, o céu e o inferno, o anjo e o demônio, e tudo o que nada tem com o real, mas só com o intelecto, crendo poder, com esse estudo intelectual, regressar ao paraíso.

260. Chegou, por fim, o momento em que, cansado do uso externo de sua mente, se voltou para o interior e achou aí a verdadeira senda para o reino de Deus, prometida desde a formação dos séculos. Então pensou e meditou na maneira de vencer os obstáculos e esse foi o começo de sua iniciação, ou seu caminho para o interior.

261. Depois, graças à iniciação interna, compreendeu e sentiu que o fim é igual ao princípio. O estado edênico foi impessoal, o estado do reino de Deus interno deve ser impessoal também.

262. O inferno do homem acha-se em seu baixo ventre, seu purgatório, no interior do seu sistema simpático nervoso e seu céu na medula espinhal até a cabeça.

263. Depois da morte, leva o homem consigo sua mente, seus corpos de desejo ou astral, seu corpo mental e outros mais sutis. Aglomerou na parte inferior do corpo muitos átomos malignos, e ficará sujeito a essas criações mentais durante um tempo mais ou menos amplo, sofrendo e queimando-se no fogo de seus próprios desejos e pensamentos. Diz-se, então, que a alma está no inferno ou no purgatório. Depois tem de subir ao céu criado por seu pensamento, para gozar de suas boas obras. Céu e inferno não são mais que criações do próprio homem e estão no próprio homem.

264. Durante a vida e não depois da morte deve o homem explorar e penetrar todos esses mistérios; porque, depois da morte, não pode realizar o que deveria fazer em seu corpo durante a vida, como não pode o compositor executar suas obras se não possui o instrumento.

265. Já se disse que o pensamento é como o imã; atrai os átomos por meio da aspiração. A bebida e o alimento são seres vivos ou anjos que têm finalidades com a vibração do pensamento, de modo que o pensamento, a respiração e o alimento são o material que elabora o sangue, veículo do Eu. Se o veículo é bom e puro, nossa aspiração atrai a atenção do EU SOU que começa a trabalhar para converter o homem em salvador do mundo.

266. Com o pensamento puro e concentrado, chegamos, em nossa peregrinação interna, à porta do Éden. O anjo da porta deu-nos sua espada para afastar o terror do umbral e os anjos malignos. Falta-nos agora despertar o Cristo no coração, onde deve nascer para fazer-nos entrar.

267. O amor impessoal e a pureza despertam esse impulso no coração e começam a invadir a medula espinhal e todo o sistema nervoso, sintonizando todos os seus centros de energia para abrir-nos o caminho até o reino da realidade.

268. No centro da medula espinhal tem o iniciado

de deter-se para contemplar o inferior e o superior nele. Pode ascender até unificar-se com o Íntimo; porém, se é verdadeiramente salvador do mundo, tem de descer novamente para salvar aqueles seres que serviram de degraus para a subida. Cristo disse: "Vou ao Pai...". Depois, também disse: "Estarei convosco até a consumação dos séculos", até que o último membro chegue à perfeição.

269. Nesse estado, o homem já é *onisciente*.

270. Ao converter-se em Cristo, principia a escolher seus discípulos e apóstolos, que devem trabalhar sob sua direção.

271. O homem, nesse plano, sente a inteligência cósmica em si e, ao dizer *Eu*, fala em nome do Pai ou de seu Íntimo, como o fazia Jesus.

272. Pode, à vontade, subir a montanha para comunicar-se com o Pai, como o fazia Jesus, e, depois, baixar aos mundos inferiores onde tem de sentir seus sofrimentos e dores; mas, ao mesmo tempo, aprende o mistério da mente humana e adquire poder para dominar mentes sãs e enfermas.

273. Nesse mundo, o homem une-se à grande inteligência que registra toda experiência. Essa inteligência é um sol no centro do cérebro que dirige todo o sistema dentro de sua órbita. Os ocultistas, ao se referirem a essa inteligência, dizem: Quando o discípulo está preparado vem o mestre; quer dizer, quando o discípulo está iniciado no mundo interno, vêm-lhe o saber do átomo mestre ou a experiência de todas as idades. Relata o Evangelho que, ao sair Jesus da água, desceu sobre ele o Espírito Santo em forma de pomba. Os termos são outros, mas o sentido é um só.

274. Sob a direção desse mestre ou do Espírito Santo, trabalham os senhores ou anjos da mente. Esses anjos estão simbolizados pelo maná (mente) que baixou do céu sobre os hebreus (os que passaram os reinos inferiores) no deserto (e chegaram a ter um corpo humano). O objetivo desses anjos, que formaram a mente, é aproximarem-se da Verdade.

275. Chegando a esse estado, é o homem dono de sua mente, de seus pensamentos e do mundo interno. Então se despregam ante os olhos os sete selos apocalípticos.

276. O primeiro trabalho do Iniciado neste mundo é salvar os anjos inferiores que habitam com os átomos animais e ditam leis tirânicas à humanidade, valendo-se de homens instrumentos do demônio, para causar guerras e destruição.

277. O homem, ao abandonar o estado edênico, tomou o caminho da descida, isto é, da cabeça, levou-o o desejo pela medula espinhal e dela ao sistema simpático; depois, ao mundo do desejo ou corpo de desejos e, por último, ao físico.

Hoje, para voltar ao seu paraíso, tem de recuar, ascendendo pelo mesmo caminho da descida, guiado pela aspiração, respiração, pensamentos puros e positivos. Consiste a positividade em corpo e mente puros, sãos e fortes; porque, um corpo enfermo está dominado pelos anjos malignos e nunca pode adiantar-se na senda da ascensão com semelhante sobrecarga. A mente enferma emite vibrações densas e lentas que só estorvam seu dono, como os demais.

278. O silêncio é fator importante para o adiantamento. Saber, ousar, querer e calar são as quatro leis do iniciado; cada palavra vã sai do interior do homem como uma flecha, rompe a envoltura áurea que o protege dos anjos malignos e esses aproveitam essa ruptura para penetrar em nosso interior.

279. A positividade é a ponte que nos conduz do sistema simpático ao sistema nervoso ou mundo mental. O ensino que nos ilustra sobre a positividade, encontramo-lo no método Ioga e no Sermão da Montanha, de Cristo. Sem a prática desses métodos, ninguém pode dar um passo na senda ascendente interna.

280. A lei de dar e receber é rigorosamente aplicada no mundo interno. Aqueles a quem foi dada a sabedoria superior está na obrigação de instruir, curar e salvar os anjos inferiores que sustém e mantêm sua vida.

281. Não se deve confundir sabedoria divina, ciência oculta, teosofia, que é prática das leis do Íntimo, com Teologia ou outras instruções recebidas dos elementais dos desejos. Toda alma cujo espírito é infantil reside em corpo sensitivo; esses seres recebem frequentemente comunicações dos elementais ou seres desencarnados que mostram inteligência nada superior, embora não falha de utilidade.

282. Devemos dizer aqui algumas palavras sobre a respiração. Diz um sábio ocultista que o homem morre porque inala mais do que exala; porque durante a respiração normal não exalamos todos os restos de dióxido de carbono. Com o tempo, esse gás mortal que vai ficando em nossos pulmões, causa a morte.

283. O sangue é o veículo do EU SOU para que o veículo seja apto nas manifestações do EU SOU, necessita de três coisas: respiração completa e perfeita, alimento são e pensamento puro.

284. O homem não somente aspira átomos da mesma afinidade que seus pensamentos, mais ainda, ao exalar, impregna, com os mesmos átomos aspirados, todos os seus trabalhos. O alimento ingerido segue a mesma lei da respiração. Diz um ditado oriental: "Fulano ou Fulana tem boa mão para cozinha", e isso é exato porque a mesma iguaria preparada por duas pessoas, separadamente, tem sabores distintos.

285. Toda pessoa, antes de comer, deve abençoar o alimento invocando o EU SOU com as mãos estendidas sobre o alimento, ou traçar, com a direita, o símbolo da cruz, porque a bênção emite raios de luz que, impregnando o alimento, afugentam os átomos malignos que por outros pensamentos penetram.

286. O homem, ao abandonar seu estado edênico ou sua Unidade com o EU SOU, desceu, tomando o caminho da medula espinhal e daí passou ao sistema nervoso, ao simpático, ao corpo de desejos, ao vital, até chegar ao físico. Na descida, teve de dividir-se em dois, manifestar-se em três, equilibrar-se em quatro estados, deve palmilhar o caminho de regresso, ou dominar o ascenso interno com cinco etc. Agora, para voltar ao seu prístino por meio da aspiração, da respiração e do pensamento.

287. Desde que o EU SOU, no princípio, quis manifestar-se, a unidade dividiu o círculo em dois, formando as duas polaridades, para com elas converter-se em trindade. Se traçarmos um círculo num papel e o dividirmos com uma linha vertical, temos um símbolo, embora tosco, do EU SOU, o qual, ao manifestar seu primeiro atributo formou, ao mesmo tempo, a dualidade e a trindade.

288. Há verdades opostas umas às outras porque o ritmo faz triunfar cada qual por sua vez. Existem duas polaridades no homem, que têm origem na mesma fonte, como existem o dia e a noite; porém, existem simultaneamente e não no mesmo hemisfério; mas, como há sombras na luz, há claridade na escuridão.

289. Todo desejo é centrífugo e toda vontade espiritual é centrípeta. Todo ser polarizado deve aspirar e respirar na alma do mundo; se não, deixa de ser ou ter existência.

290. O homem, o mais perfeito dos seres, é quem deve encerrar em si essas duas leis inseparáveis uma da outra e que formam uma só. O poder verdadeiro e o verdadeiro Saber é o equilíbrio forçado desses contrários, porque o equilíbrio é o poder do amor que triunfa sobre a natureza. O sobrenatural não é mais que o amor equilibrante.

291. O caduceu, na espinha dorsal do homem, representa duas serpentes, uma à direita e outra à esquerda. No meio, em cima da haste central brilha o globo de ouro ou a cabeça que representa a luz equilibrada.

292. A serpente edênica que foi causa do descenso, da morte, apoderou-se da mente humana e do pensamento para arrastá-los ao mundo inferior, o mundo dos instintos e desejos. É a serpente de bronze, no deserto da matéria física, ou o corpo, a que salva da morte. Ambas estão colocadas na espinha dorsal, sobre o Tau ou medula. Tal é o mistério da unidade em sua manifestação dual.

293. O sábio, o iniciado, deve ser equilibrador e justo.

Ao adquirir o poder no ponto central, deve derramar a energia, equitativamente, a ambos os lados. Esse poder, que é a unidade, bifurca-se em: saber e ousar (sabedoria e fé) e em criar e transformar (querer e calar). Os pontos extremos assemelham-se, tocam-se pela lei do equilíbrio que é o poder uno em cada ser.

294. Esse poder central uno está: 1º no homem; 2º na união do homem com a mulher. Falemos primeiro da unidade no homem, e depois na unidade do homem com a mulher.

295. Quem se coloca nesse ponto de união será servido pelos deuses; esse ponto é a imortalidade entre a vida e a morte; é o movimento perpétuo entre o dia e a noite; é a magia entre o saber e a fé; é o poder criador entre o homem e a mulher; é o amor entre a vontade e a paixão. Todo iniciado deve saber a verdade para fazer a lei.

296. O reino de Deus está dentro de nós, isto é, na unidade ou ponto de união da dualidade no cérebro; o reino do inferno está dentro de nós, isto é, no que está fora desse ponto de união e manifesta-se em dualidade.

297. EU SOU é a substância da qual emanou e se fez o mundo e tudo o que existe. É a força criadora universal. Espírito é uma forma dessa força; alma, ou força vital de vida é outra forma sua.

298. EU SOU, o Deus Íntimo no corpo do homem. O átomo *nous*, sua emanação, é o dual que se manifesta quando suas duas polaridades se combinam em uma unidade.

O positivo *nous* é eletricidade e o negativo é o magnetismo. Pode ser que o magnetismo seja criado pela eletricidade (espírito) e a eletricidade ou espírito será manifestação direta de *nous*. A eletricidade provém do Sol e o magnetismo vem da Terra.

299. A unidade de ambas as condições ou elementos positivo e negativo é necessária para qualquer manifestação.

A manifestação ocorre no ponto de união dos dois elementos. Nesse ponto de união se acha o equilíbrio.

A união dos dois elementos + e − causa a vida e a manifestação da vida.

A matéria é a roupagem do espírito; mas o espírito manifesta-se em formas diversas através de seus princípios: terra, ar, água e fogo e de suas divindades: sólidos, líquidos, gases e éteres.

O Espírito sustém todos os graus e distinções das formas criadas e é a unidade da criação.

O homem é a mais alta manifestação de Deus.

Todos os seres: homens, animais, plantas são formados por substâncias terrenas negativas, nas quais as vibrações positivas de *nous* entram para dar-lhes vida, e o mero fato de respirar e viver demonstra a unidade da mesma fonte.

A única fonte é EU SOU, o absoluto. O espírito empresta à matéria sua qualidade negativa e *nous* dá ao ar ou atmosfera a qualidade positiva.

"Deus formou o homem do pó da terra e soprou em suas narinas o alento de vida, e o homem se fez alma vivente". A união dos dois polos forma um terceiro, ou a trindade.

300. Na dualidade há prazer e dor; na dualidade há lei. O pensamento deve atravessar o prazer e a dor da dualidade até chegar à verdade na união. Se dirigir o pensamento à cabeça, ponto de união da dualidade, invade o homem a felicidade celestial, isenta de prazer e dor; porém, se o dirigir para os vários extremos da dualidade, vive o homem sentindo prazer e dor.

301. O iniciado é o que manifesta a alma do mundo, cuja lei não tem nem mal nem bem, senão unidade. Para o iniciado, o bem é sua mão direita, seu olho direito, seu ouvido direito etc., e o mal é sua mão esquerda, seu olho esquerdo, dualidades necessárias para a unidade perfeita.

O lado direito é positivo, ativo; o lado esquerdo é negativo passivo. O direito emana cor vermelha; o esquerdo, cor azul, e ambos, unidos, formam um terceiro, de cor roxa: espiritualidade.

302. O equilíbrio não é nem bem, nem mal; é o resultado de duas forças e, por conseguinte, a vida é o movimento alternado.

303. A vida compõe-se de uma aspiração e de um sopro; morte e vida são a contínua geração. Aquele que dá recebe e o que recebe tem de dar. Tudo é perpétua troca. Conhecer essa troca, à vontade, é possuir, cientemente, a divindade humana.

304. O corpo do homem abrange dupla luz: atrai e irradia. Nossa atmosfera é úmida, pegajosa. Quando para ela atraímos um mau pensamento, este nos rodeia com suas vibrações, como enxame de moscas que giram em torno de uma imundície. À superfície do coro se acham muitas antenas que atraem pensamentos bons e maus. O corpo é como imã andrógino; atrai as duas potencialidades da alma do mundo. O EU SOU julga-nos pela aura que nos rodeia.

305. Os raios do sol, chegando à cabeça, estimulam o sistema nervoso; os da lua atuam no simpático. As pessoas dominadas pelos pensamentos negativos devem evitar os raios lunares, expor a cabeça descoberta à luz do sol pela manhã e fugir das cidades onde flutuam cadáveres de pensamentos putrefatos.

306. É mister saber que toda ação provoca uma reação e ao atacar cumpre defender-nos e, ao destruir, importa regenerar imitando a natureza. A sabedoria completa consiste no emprego das forças antagônicas; nesse manejo reside o segredo do movimento perpétuo e a duração do poder.

307. Todo o universo aspira e respira, e o que é no universo assim é no homem. Toda aspiração e toda respiração são duais. O homem aspira alternativamente uma hora pela fossa nasal direita, outra pela esquerda e alguns minutos por ambas. A aspiração pela direita absorve energia solar; por conseguinte, é positiva, ao passo que a esquerda faz o mesmo com a energia lunar, é negativa. Os ramos das duas fossas nasais estendem pelo cérebro e descem por cada lado da coluna vertebral até fundirem-se no sacro. Os iogues chamam Pingala por onde desce a aspiração positiva e que é um nervo ao lado direito da coluna; Ida ao nervo esquerdo por onde passa a energia lunar, e Sushumna a um terceiro conectado com os outros dois no gânglio sacro que sobe pela coluna central até o cérebro, depois de repetir diversas energias, pelas diversas ramificações, aos plexos e centros vitais.

308. Justamente na união dos nervos nasais reside a energia do Pai, desce pela direita; a energia do Filho na metade e, na esquerda, a do Espírito Santo. Os dois que estão aos lados transmitem a energia que as fossas nasais absorvem, e o do meio a distribui por todo o organismo. Com ela se equilibra constantemente o corpo e conserva-se a atividade de cada órgão.

309. Há uma membrana muito sensível mais acima do centro do nariz. Acha-se sob o domínio do EU SOU. Essa membrana faz funcionar os três condutos. Os nervos supramencionados recebem seu impulso de uma entidade inteligente, sensível aos eflúvios positivos e negativos com que a toda hora o signo ascendente do zodíaco impregna o ar da região em que culmina e, em obediência às leis que regem a eletricidade, fecha uma fossa nasal e põe a outra em atividade. Cada signo ocupa o meridiano durante duas horas e o mesmo signo tem uma fase positiva e outra negativa; o fluxo pelas duas narinas é igual e o corpo assimila as duas energias em proporções iguais.

310. O Universo respira e o homem aspira o que o Universo respira: oxigênio, hidrogênio, carbono, eletricidade, prana, raios das longínquas galáxias, sóis, planetas, satélites e correntes siderais que atuam na vida da terra e no pensamento do homem. Conforme a narina por que respiramos, farão positivas ou negativas nossas disposições físicas e mentais e serenos sensíveis e aptos para certas classes de influências que vão modelando o que somos e fazem que cada pessoa sinta, pense e obre em relação à sua maneira de aspirar: positiva pela direita, negativa pela esquerda, e neutra quando fluem simultaneamente pelas duas.

311. Essa propriedade da aspiração é uma base da lei da dualidade para disciplinar o corpo e a mente, para alongar a mocidade e ter em si o poder mágico da iniciação e demais poderes ignorados pela ciência.

312. As escolas orientais e ocidentais têm métodos diferentes. O oriental, que é atrativo ou passivo, aconselha a

respiração contida ou retida para alargar o campo de sua aura e, por conseguinte, torna-se mais receptivo; porém, segundo o oriental, essa aspiração deve durar, às vezes, até doze segundos, ser retida cinquenta e dois segundos e exalada durante vinte e quatro segundos; deve começar pela esquerda e terminar pela direita. O ocidental, que é positivo, refuga esse exercício e aconselha começar pela direita. O oriental vai de acordo com o misticismo e o psiquismo; o ocidental prefere a magia e o poder.

313. O iniciado deve chegar ao completo conhecimento e uso da lei do binário, unindo ambos esses processos para equilíbrio da lei.

314. O pensamento é o homem. Toda pessoa passiva e mística aspira com maior força pela narina esquerda, e toda pessoa ativa aspira fartamente pela direita; porém, nesses casos, não entram os defeitos nasais, salvo se, por uma lei de compensação oculta, existe um defeito na narina direita para obrigar o homem a ser místico ou passivo, e vice-versa.

315. O binário ou dualidade manifesta-se na aspiração e na respiração, no sopro quente e no frio; até uma posição de mão pode respirar e aspirar conforme o pensamento. Nunca devemos estender a mão direita ao colérico, ao excitado, ao apoplético, nem a esquerda ao esgotado, ao aflito e ao débil. A mão direita deve acariciar o último e a esquerda tem de acalmar o primeiro. As duas polaridades formam a Lei.

316. O fluido solar proveniente do Sol é o mesmo que o centro cerebral do organismo humano, e o fluido lunar é igual ao medular ou simpático inferior. Para a depressão lunar temos de fortificar-nos com a energia solar e para a excitação solar temos de acalmar-nos com o fluido lunar.

317. A depressão e a cólera são duas portas, uma à direita outra à esquerda do centro medular por onde penetram os mensageiros inimigos, residentes no baixo ventre. Esses mensageiros são os germes da enfermidade e da destruição do organismo. O único remédio é o equilíbrio por meio dos pensamentos de felicidade.

318. Quando a depressão invade, temos de fechar a narina esquerda e respirar pela direita, e quando a cólera domina, temos de fechar a direita e respirar pela esquerda. A aspiração pela direita evita o resfriamento e a aspiração pela esquerda refresca o calor e baixa a febre.

319. A dualidade está no corpo humano. A alma do mundo manifesta a simpatia masculina no lado direito e a simpatia feminina no lado esquerdo. Porém as aspirações pelas narinas agem em forma de cruz: o alento pela direita, que é solar, anima os órgãos internos da parte esquerda. Por isso encontramos o coração, o órgão mais nobre do homem, colocado ao lado esquerdo, ao passo que o alento da esquerda invade os órgãos do lado direito.

320. A sabedoria exige seres normais que tratam de

equilibrar a lei respirando alternativamente por uma e outra narina, e chegar ao equilíbrio perfeito respirando por ambas ao mesmo tempo, de maneira igual. Cabe aqui um conselho aos aspirantes. "Cada qual deve estudar seu temperamento; se é muito passivo, deve, por meio da respiração direita, tornar-se ativo e, se é muito ativo, deve aspirar pela esquerda para obter certa dose de misticismo."

321. Também os pensamentos são duais: harmônicos, e desarmônicos, para não empregar as palavras bons e maus. Os harmônicos vêm, ao homem, do cérebro direito e os desarmônicos do esquerdo. Nas escrituras cristãs esses dois hemisférios do cérebro estão simbolizados por Galileia e Cafarnaum, Éden e trevas exteriores, fé e dúvida etc.

322. No estado desarmônico, deve o homem dirigir seu pensamento ao cérebro direito para restabelecer a harmonia. Também a respiração positiva direita influi nesse estado.

323. Os médicos aconselham que o homem durma sobre o lado direito. Esse conselho tem uma parte de verdade. Dizemos uma parte, porque os sensitivos, ao dormirem a maior parte da noite sobre o lado direito, amanhecem deprimidos, desanimados e sem apetite. Nosso conselho será que o homem deve dormir sobre o lado esquerdo e para isso há uma lei: ao dormir sobre o lado direito, abre-se a narina esquerda e o homem aspira influências lunares, negativas, ao passo que, ao deitar-se sobre o esquerdo, abre a narina direita e os átomos positivos solares enchem o homem e ele amanhece alegre, contente, com apetite e disposto a trabalhar com maior energia. Os sacerdotes hindus conhecem essa lei e caminham, de dia, sobraçando a esquerda um guarda-chuvas ou outro objeto, o qual comprimindo uma artéria sob o ombro, atua abrindo o lado positivo do nariz. Por esse meio, resistem ao cansaço e à fadiga.

324. Disse Rama Prasad: "Feliz é quem respira". Certamente quis dizer: "Feliz é quem respira bem". Também nós podemos dizer: "Desditoso o que respira mal, porque a felicidade consiste em pensar e aspirar positivamente, e a desgraça e a enfermidade vão para os que pensam e aspiram mal".

Cada pensamento cria um exército de átomos vivos e cada aspiração absorve os que criaram os pensamentos. Então devemos compreender que o pensamento inarmônico é causa de todo mal e desgraça.

325. Quando as escrituras dizem que o homem está vigiado por dois anjos, um bom e outro mal, quiseram dar-nos a entender a verdade, embora por meio de um símbolo. Como o pensamento influi no sangue próprio e alheio, deduz-se que o pensamento negativo entrega todos os seus átomos malignos, como um exército, ao demônio oculto em nós, e este povoa nosso corpo com seu poder destrutor, ao passo que os bons pensamentos entregam seus átomos ao anjo da espada que está à porta edênica e em nós produzem regeneração e rejuvenescimento.

326. Do centro do coração, o homem pode contemplar esses dois mundos opostos para equilíbrio da lei. O esquerdo atrai, por meio do seu veículo ou corpo de desejos, os pensamentos inferiores que se acham nas baixas etapas do mundo mental e vivem da putrefação das forças que destruíram. O direito atrai, por meio do seu veículo, o corpo vital, os superiores, para a positividade da Lei.

327. O mistério da Unidade por meio da dualidade consiste em harmonizar e entrefundir os dois cérebros para que as aspirações e respirações do homem e seus pensamentos contrários cheguem a neutralizar-se. Por enquanto cada aspirante, ao iniciar-se internamente, deve lutar contra os pensamentos putrefatos para não perder contato com o EU SOU. Senão terá de passar muitas vidas até reatar esse contato.

328. O melhor meio de evitar esse desligamento ou separação, é cuidar da energia sexual como a menina dos olhos, porque a luxúria é uma porta larga por onde pode entrar a maldade, o ódio, todo vício que degenera o homem e os que o rodeiam. Essa influência degeneradora persiste até durante gerações.

329. Não deveis esquecer que, na respiração, há iluminação. A aspiração passiva é a fonte da recepção como o é o método oriental; ao passo que a ativa é o melhor método de praticar.

330. A vida do homem deve ser incessante luta para o perpétuo equilíbrio. Muitos sentem e dizem que há dupla alma inteligente dentro de si e dizem verdade porque sentem a lei antagônica em si. No homem há duas naturezas inteligentes e fortes. Essas naturezas chamam-se Eu superior e Eu inferior. O Eu superior tem por exército todas as entidades elevadas de nossos pensamentos, palavras e boas obras. O Eu inferior é a aglomeração de tudo quanto é baixo. O iniciado, para chegar a adepto e unir-se com seu Íntimo, deve dissolver com o pensamento penetrante, o primeiro e o segundo.

331. Sem dualidade, não há manifestação e sem trindade, não há equilíbrio. Todos os órgãos do homem são pares opostos equilibrados pelo nariz, língua, umbigo e falo. Que é a sabedoria? É o equilíbrio ou a filha de dois princípios opostos.

332. Temos dois olhos, dois ouvidos, dois hemisférios cerebrais como instrumentos de nossa inteligência; duas mãos e dois pés, instrumentos da vontade. O pensamento ordinário pode apenas compreender a dualidade; mas a intuição sabe que essa dualidade é o símbolo da árvore da ciência do bem e do mal, cujos frutos hipnóticos causam morte ou esquecimento da consciência da unidade primordial, essencial e eterna.

333. Não há desperto em todos o olho interno nem o discernimento para conhecer a realidade da Unidade: por isso, esse segredo foi com muito zêlo guardado, porque ninguém os podia entender e os homens comiam, por ignorância, o fruto mortífero.

334. Os dois princípios complementares, humanizados em todos os nossos órgãos, nos dois lados, direito e esquerdo, chega a seu ponto culminante nos dois sexos que integram a raça humana e todos os reinos da natureza. Os dois sexos representam os dois aspectos masculino e feminino da divindade. O ser que quer ingressar no templo da sabedoria tem de voltar à unidade da vida.

335. A unidade central se acha no centro do cérebro, donde parte a alma do mundo, no corpo físico, em duas linhas distintas; é o ângulo dos maçons, que representa o oriente ou mundo da realidade visível e o ocidente, onde a unidade se divide. O homem tem que voltar-se sempre ao ponto central, a cabeça, ao oriente de luz, à única realidade donde emana todo o poder.

336. Todo homem tem de ser seu mundo e morar no centro como um rei que vigia seus súditos. Cada corpo é um templo e o verdadeiro homem é um sumo sacer-

dote que mantém a casa do Senhor em ordem. Todas as religiões delinearam seus templos esquematicamente, de acordo com o corpo humano: a arca de Noé, o tabernáculo, a pirâmide de Kéops, o santuário de Karnac, o templo de Salomão, a basílica de São Pedro em Roma etc., não são mais que a cópia do corpo humano. A loja maçônica é símbolo do organismo humano.

337. Os trabalhos dentro do templo da igreja e da loja são uma série de atividades que se desenvolvem dentro do corpo de maneira física e espiritual. O sacerdote, para oficiar, veste-se com roupa feminina, porque conserva a ideia de que por meio da dualidade se chega à união com o EU SOU e porque dessa bissexualidade nasce o verbo. O objetivo de toda religião e de todo mistério era conduzir o homem ao mundo interno e não externo. O verdadeiro iniciado é aquele que rasgou o véu, lendo e decifrando os símbolos.

338. Ensina a antiga sabedoria que o homem deve chegar a possuir dois sistemas espinhais perfeitos, que trabalhem juntos harmonicamente em seu governo. Para ele, simbolizaram os antigos esse mistério com uma figura bicéfala, uma cabeça masculina e outra feminina. Indicavam com isso que o homem foi andrógino e o será futuramente. Então, será negativo e positivo equilibrado e não se reproduzirá como o faz atualmente. No fim será como no princípio. Então, dará o homem nascimento a seus novos corpos ou veículos, e será seu próprio pai e sua própria mãe, completos em si mesmo.

339. Os mestres legaram ao mundo a iniciação para tornar possível esse processo no futuro imediato, sem esperar o curso natural da evolução. Os místicos chamaram-na mistério do fogo, ao passo que os ocultistas a chamaram o mistério do sexo ou magia sexual. Então, o mistério do fogo ou sexo é a segunda chave do reino.

340. Os antigos buscaram essa chave do arcano supremo no poder do fogo e os modernos os imitaram, conquanto tenham se esquivado das doutrinas arcaicas. O fogo era e é a divindade que arde no homem e no universo. É o mistério do Espírito Santo que desce com línguas de fogo sobre os discípulos, com línguas de luz e inspiração no coração, altar da alma.

341. Prometeu roubou o fogo divino e trouxe-o aos homens, e porque os homens o utilizam para a destruição, foi ele encadeado para que um abutre lhe devorasse o fígado, até que um ser humano dominasse o fogo e o livrasse do seu encadeamento. Essa profecia foi cumprida por Hércules, que é o iniciado perfeito, o filho da luz. Prometeu é Lúcifer. Lúcifer é a estrela matutina; a estrela matutina é a Virgem Maria. Maria é o símbolo da mulher e a mulher é o emblema da natureza.

342. No homem há três sóis: o sol Pai, na cabeça, que ilumina o sol Mãe, o E. S. no sexo, que alimenta e fortalece o corpo, e o sol Filho, no coração, que desenvolve a inteligên-

cia, ou, em outros termos, o sol Íntimo, manifesta seu calor no sexo, sua vitalidade no coração e sua luz no cérebro.

343. As virgens vestais nos templos antigos eram encarregadas de manter sempre o fogo do altar. É à mulher que incumbe esse privilégio de acender essa chama sagrada no templo divino, no corpo do homem.

344. A mulher é o delegado supremo da deidade; ela é a que deve acender o fogo do altar no coração do homem, porque só ela é capaz de atrair ou produzir o fogo divino ou força geradora do homem. Porém, o fogo é fumo e luz; o homem deve escolher entre um e o outro.

345. Os sacerdotes antigos usavam substâncias, ervas, animais para atrair a luz astral ou a alma do mundo de modo especial; mas, os iluminados modernos suprimiram toda planta e todo animal, substituindo-os pelo magnetismo da mulher em seus trabalhos de alta magia.

346. A Virgem Maria, ou a mulher, é a que deve espiritualizar essa matéria densa humana e elevá-la como fragrante incenso até o Altíssimo. Um dos significados da cruz é a fricção dos dois paus cruzados para produzir fogo, significado fálico, emblema do fogo cósmico.

347. O fogo aceso pela mulher no sangue gasoso do homem, circula pelo sistema, anima e mantém o corpo em contato com a alma do mundo por meio de seus raios áuricos e centros magnéticos.

348. A chama sagrada acesa pela mulher traduz-se em fumo no sexo; o fígado transforma-o em calor no coração e a glândula pineal em luz do cérebro. Toda essa transmutação depende da imaginação do homem. Se a imaginação se dirige para baixo, durante a chama, atrai matéria cerebral para aumentar a fumaça sufocante, e se se eleva ao coração e ao cérebro, produz o calor do amor em um e a luz na outra.

349. Ensinou-se-nos que o fígado é a fonte da imaginação. Também o Mar Vermelho cruzado pelos hebreus (de *haber*, "o que cruza", "o que passa", e desta palavra vem Páscoa). Significa que o homem deve passar ou cruzar a natureza emocional que brota dos centros formadores do sangue do fígado e entrar pela porta defesa pelo querubim ao paraíso da luz, ao Reino do céu, à terra da promissão.

350. O fogo aceso pela mulher deve ascender pela medula espinhal até o cérebro donde sai pelo *occiput* como luz dourada das cabeças dos santos, e que significa a regeneração do homem ou sua iluminação.

351. Os antigos adoravam Deus colocando em seus altares a figura ou imagem de um homem; os próprios cristãos adoram em seus altares o homem e a mulher, Jesus e Maria, José e Maria.
Sabemos de uma seita do Oriente que só adora a divindade sob a forma feminina e coloca a mulher em

seus altares. Primitivamente, essa adoração tinha por objetivo chegar a descobrir os mistérios da divindade no homem. Os antigos compreendiam e sentiam perfeitamente o dito de Hermes: "Como é em cima, assim é embaixo". Compreendiam que cada parte do organismo humano tem seu significado secreto. As medidas desse corpo serviam para medir todas as partes do cosmos e conhecer, com exatidão, seus movimentos. Exemplos dessa sabedoria conservam a Arca de Noé, o templo de Salomão, a pirâmide do Egito.

352. Quando o tempo atirou o véu da ignorância sobre as mentes humanas, começou o homem a adorar o símbolo em si, esquecendo a realidade simbolizada, e deu a cada ato dos seus mistérios um sentido objetivo. O mundo atual aprende o que lhe ditam os sentidos externos e não se detém a estudar inteligentemente o mundo interno do homem para chegar a descobrir o verdadeiro arcano da sabedoria.

353. Quando o homem voltar ao reino interno e subjetivo, compreenderá as palavras do divino mestre que disse: "O Reino do céu está dentro de vós mesmos". Compreenderá que Adão não é um homem, senão a primeira emanação positiva do absoluto.

Que Eva não é uma mulher, senão a segunda emanação passiva.

Que o jardim do Éden está no corpo, que reúne essas polaridades.

Que a terra da promissão é o corpo humano.

Que o Santo Sepulcro é o coração; que Judas é o egoísmo próprio; que o Mar Vermelho é natureza emocional do fígado do homem.

Que os evangelhos são um relato da vida passada do homem, e o *Apocalipse*, da vida futura.

Que o espírito do homem é o sol central que arde como chama solar.

Que o reino interno se acha no absoluto, manifestado pela dualidade e conhecido pela trindade.

Que os sete anjos do Senhor são seus sete centros e cada um é presidido por um espírito planetário.

Que o Reino do céu está dentro do homem, na cabeça; o da terra no pleito e o do inferno no baixo ventre.

Que o fogo infernal arde ternamente no sexo e atormenta a quem o busque e que Lúcifer, a besta, está nessa parte do corpo.

Que a serpente do Éden, que enganou o homem, está na parte esquerda da espinha dorsal, e a serpente do deserto na parte direita.

Que o querubim com a espada flamígera está na metade da espinha dorsal e impede ao profano a entrada ao reino de Deus, se não se iniciou nos mistérios internos.

Que a árvore da vida e, do conhecimento do bem e do mal, no meio do jardim do Éden, é o sexo que está no meio do corpo humano.

Que os centros do corpo humano desprendem energias que se cruzam e entrecruzam por intermináveis correntes; é a contraparte do sistema solar, com seus astros e planetas (sóis, luas e cometas) que giram regular e irregularmente em redor do único centro EU SOU.

Que as ondas de vida emanadas de Deus para todo o Universo é o mesmo sistema nervoso que comunica todas as partes com o Íntimo em que vivem, se movem e têm o ser.

Que a crucificação do Cristo é um fato que se repete dentro do corpo; sua sepultura em uma tumba nova, isto é, em corpo novo a cada reencarnação; sua descida ao inferno, ao sacro, onde arde o fogo eterno, para livrar os bons átomos e ressuscitá-los com sua ressurreição e atraí-los com ele, na ascensão ao céu, ou cabeça, e sentar-se à direita do Pai. (Todos esses mistérios eram revelados àqueles que tinham demonstrado ser dignos de possuir o mistério do fogo, chave da vida e da morte).

354. Esse é o mistério da dualidade, do binário, do equilíbrio do homem e da mulher.

O espírito não é masculino nem feminino; não é positivo nem negativo; é andrógino e neutro. Por isso cria corpos andróginos. Porém, a mente humana tem de passar por muitas etapas da evolução para poder compreender o mistério da unidade e as palavras de Cristo, quando disse: "Naqueles tempos não se casarão nem serão casados, nem gerarão, nem serão gerados; mas viverão como anjos ante meu Pai".

355. Quando o homem voltar a ser andrógino será um Deus completo; porém, enquanto possuir sexo dife-

rente será metade de um Deus e necessita da mulher para divinizar-se. Por enquanto é a mulher que aperfeiçoa o homem e o homem a mulher, porque os dois se completam na unidade.

356. Todo indivíduo está provido de dois elementos de magnetismo universal, da *Anima Mundi*, chamem-lhe como queiram: o elemento positivo e projetor e o elemento negativo ou atrativo. Os plexos ou centros são os polos dispostos em diferentes lugares do corpo. Falaremos deles mais adiante.

Não obstante, há certos temperamentos que são mais projetores que atrativos; em outros, sucede o contrário.

Quem chegar ao equilíbrio será um Deus e por isso dissemos que só os santos, os mestres e os grandes iniciados são os que chegam a semelhante estado.

O fluido no corpo nunca está estacionado; circula de um indivíduo para outro.

Por conseguinte, quando um homem de temperamento positivo se reúne a uma mulher de temperamento receptivo ou negativo, produz-se um intercâmbio que ativa no organismo certo calor de índole desconhecida. É o fluido que surge e penetra nos centros vitais do corpo, sobretudo se não tem o estorvo das roupas.

357. Tudo o que ativa a circulação do sangue aumenta o volume do fluido; portanto, os cinco sentidos são os meios dessa combustão que aceleram esse movimento.

358. O corpo é uma pilha inesgotável que expele magnetismo pelos plexos positivos. Até nos centros magnéticos existe essa dupla polaridade. O fogo sagrado expelido pelos centros positivos comunica o homem com as hostes superiores, ao passo que os centros passivos ou atrativos recebem esse fogo superior. Esse é o objetivo da chave do poder na dualidade.

359. O homem e a mulher proporcionam um ao outro:

1º Maior atividade e liberdade dos centros magnéticos.
2º Com isso, maior grau de vibrações que os capacite a comunicarem-se com os deuses externos que têm seus representantes no próprio corpo.
3º Transformarem-se, nesse estado, em verdadeiros criadores.

360. Aqueles que não creem na força do magnetismo, podem comprová-la por si mesmos na própria matéria.

Suspenda num fio flexível do comprimento de dois metros ou mais, um anel de prata. Em outro fio igual suspenda um anel de cobre. Não havendo anéis, podem servir outros objetos de peso, porém que sejam de prata e cobre, por ser o primeiro metal positivo e o segundo negativo.

Uma vez colocados os dois fios com os objetos suspensos, coloca-se o operador entre ambos, estendendo a mão direita aberta horizontalmente para o fio que sustenta o anel de prata e a esquerda para os de cobre, ambos a conveniente distância.

Após alguns minutos de quietude nesse estado, uma das duas massas mover-se-á e logo a segunda.

A que primeiro se move revela a classe de temperamento magnético do indivíduo; se for o de prata, é positivo, projetor, e se for o de cobre, é negativo, receptor; mas durante essa experiência não deve ter consigo nenhum metal e sobretudo deve tirar os anéis dos dedos.

361. Pelo mesmo processo se pode estudar a harmonia que se acha entre o homem e a mulher, sobretudo entre noivos que pensam contrair casamento; porque, se na mulher predominar o mesmo temperamento que no homem, não deve realizar-se o matrimônio, pois não está equilibrada a lei do binário.

Quanto menos alfaias de vestir haja no corpo, maior será o movimento; porque, quando o homem está nu, muito mais intensas são as irradiações.

362. Já se disse na segunda chave da obra *Poderes ou O Livro que Diviniza*: "Temos de buscar a esposa espiritual. Temos de amá-la sem desejo e adorá-la sem profanação".

O objetivo dessa chave é acender no homem o fogo sagrado. Atualmente, alguns sábios recomendam que, desejando o homem entregar-se a um trabalho intelectual intenso, procure acender esse fogo por uma excitação genésica; mas, naturalmente não deve apagá-lo. Essa excitação facilita o trabalho dando à mente intuitiva certa elasticidade a fim de alcançar certas fontes de iluminação ignorada pela mente objetiva.

Nós não nos detemos só nisso. Ao contrário, vamos muito mais longe. Já dissemos na obra *Poderes* que esse fogo sagrado criará felicidade, sabedoria, abundância, valor e faz do homem um Deus na terra.

363. Quando a mulher acende no homem e este nela o fogo sagrado ou a energia chamada força solar, então podemos dizer que o homem está no caminho da grande iniciação interna, porque essa energia, ao brotar, ascende pela medula e vai aos diversos centros do corpo, ativando em cada um sua própria luz ou sua própria nota. Então o homem poderá distinguir o próprio Cristo que está de volta novamente, e lerá o nome do salvador, composto com as sete vogais da natureza, escritas nos sete centros magnéticos do corpo. Esse mesmo fogo acendido lhe dará sabedoria para vocalizá-los; então, sintoniza-se com a consciência da natureza e recebe resposta do seu salvador.

364. Esse fogo pode consumir todo entrave que haja entre o homem e seu salvador quando esteja bem dirigido. Quando invade todo o sistema nervoso, transforma o homem para nele gerar o salvador do mundo. Esse é o renascimento de que fala Jesus no Evangelho.

Nesse estado, o cimo da montanha a que ia Jesus orar, isto é, a parte superior do crânio, emite o fogo sagrado.

365. Quando isso acontece, atinge o homem a união perfeita com o mesmo Deus Íntimo e interno.

A sarça de Horebe terá ardido em todo o sistema nervoso, sem consumi-lo, o iniciado penetrará no reino de Deus interno, e iniciará seu domínio no céu e na terra, no positivo e negativo, porque já se converteu no uno.

Quando o fogo sagrado ascende à cabeça, aí se transforma em luz e se diz que o homem é iluminado, porque aí se acha a grande escola mental, dirigida pelos senhores da mente abstrata, e o Iluminado se coloca em uníssono com a grande inteligência. Será o onisciente e estará mais além, muito mais além do que os homens chamam a ciência do futuro. Por isso, dizem que o gênio vem antes do tempo, pois, em dado momento, o gênio viu a luz da força solar muito mais além do presente.

366. Quando a mulher atiça o fogo sagrado no homem e o homem não trata de apagá-lo, ele se converte numa luz, num mundo de trevas e todos os seres maléficos correm para ele; mas chocam-se contra essa armadura luminosa como as ondas contra as rochas.

O iniciado esquece-se de seus próprios sofrimentos e só sofrerá os alheios; porém, mais tarde, torna-se imune; nem dor, nem aflição, nem doença, nem contratempo algum pode atingi-lo mais do que pode uma nuvem perturbar o sol.

Não errou a Igreja Católica ao copiar a ladainha de *Ísis* e aplicá-la à Virgem Maria, onde transluzem tantos mistérios da mulher, dizendo na invocação: "Refúgio dos pecadores, consolo dos aflitos, arca da aliança, porta do céu, estrela matutina, cura dos enfermos etc., pois isso e muito mais pode a mulher outorgar ao homem ao manter nele o fogo divino sempre e tratar de apagá-lo. Saúde, felicidade, poder, abundância, sabedoria, santidade etc. serão vassalos do homem.

367. O homem vive de três alimentos, a saber: o alimento físico para o corpo; a aspiração para o corpo anímico e o pensamento para o corpo mental. Assim como o corpo recebe sua nutrição dos átomos do alimento, o anímico dos átomos atmosféricos, assim também o mental recebe sua alimentação da atmosfera do pensamento que o rodeia.

Aqui chegamos ao ponto importantíssimo do jejum. Segundo nosso falível parecer, o jejum não significa somente abstinência de comer, senão, também, abstinência sexual, da maneira que é interessante notar que, quando um homem jejua, durante alguns dias, nele se efetuam dois fenômenos: o primeiro, pelo não comer diminui a densidade atômica do corpo; o segundo, por apagar o fogo criador, este ascendendo à cabeça, sente-se mentalmente estimulado.

Quando Jesus disse: "Os dois comem o agraço e os filhos sofrem o boto", revelou uma verdade. A energia seminal ou fogo sagrado, é uma energia hereditária. Se a humanidade não gera filhos fortes, física e espiritualmente, é porque os pais não souberam conservar sua energia criadora.

368. Muitos discípulos falam do mestre e os pais não compreendem quem ele é. O verdadeiro mestre é uma força superior, que pode ter ou não corpo físico. Essa força divina é o conjunto do fogo sagrado que ao subir à ca-

beça, aí se converte em átomos de luz que iluminam o discípulo para poder entrar em seu mundo interior.

À luz desse átomo aprende o iniciado os mistérios da natureza que é a causa de Deus, da qual a mulher é o santuário. Ilustra-se na lei secreta do binário, aprende o mistério da Cabala da Igreja, da Mãe etc., e toda a sabedoria que se encerra na mulher.

369. A futura salvação do homem depende da mulher que algum dia será a verdadeira santa vestal do homem, que nele acende e conserva o fogo sagrado.

O homem, diante da mulher, deve escolher entre a liberdade e a escravidão. A liberdade é a iluminação e a escravidão é a morte. São os dois pratos da balança na mulher, com fins evolutivos. É o pensamento que registra a inclinação da balança.

A lei da oposição é a lei da atração, ao mesmo tempo. Quando um mal nos ataca é que atraiu a mesma força do mal que se acha em nós, para atormentar-nos. Essa é a lei.

O homem deve proteger a mulher, de si mesmo, como protege um olho ou a mão esquerda.

370. O verdadeiro mestre é essa entidade de luz que se acha no centro do cérebro. Não trata de aniquilar o anjo das trevas na base da espinha dorsal, porque este proporciona combustível à sarça do sistema nervoso e o EU SOU é quem converte o fogo em luz.

Essa entidade negra é também mestre de cujos ensinamentos necessitamos ainda hoje. Ele nos comunica sempre o poder de fazer milagres por meio do desejo ardente, ao passo que a entidade branca é quem, da cabeça, nos dá a sabedoria para mantê-lo e não tratar de apagá-lo.

371. A mulher é a imensidade da natureza, em cujo ventre reside Emanuel, Deus conosco. No ventre da mulher está escondida a máxima sabedoria; porém, essa sabedoria está no fundo de um abismo escuro e perigoso. A esse abismo cumpre descer ajudado pela luz. Todavia, quem desce guiado pela fumaça de seus desejos ardentes, infalivelmente se abismará.

A mulher deve espezinhar a lua ou natureza animal para poder outorgar ao homem a sabedoria secreta.

372. E disse Jehová Deus: "Eis aqui o homem; é como um de Nós em saber o bem e o mal. Ora, pois, impeçamo-lo de estender a mão e tomar também da árvore da vida, de comer e viver para sempre".

Até quando continuará o homem cego e torpe sem ver nem compreender o mistério dessas palavras? Até quando seguirá o homem o caminho da morte, sendo imortal?

Era a mulher que havia feito o homem um dos deuses; pois o mistério dos dois é o mistério da unidade.

373. Quando os dois forem um, uma só carne, quando o masculino não seja feminino, nem haja feminino nem masculino, virá o reinado de Deus. A terceira pessoa da Santíssima Trindade é uma pessoa feminina. *Pneuma* (sopro) pertence ao gênero neutro; *Spiritus*, em latim, está

em masculino. *Ruach*, em hebraico, às vezes é masculino, às vezes feminino. *Ruacha*, em aramaico, é sempre feminino. Jesus ensinava seu Evangelho em língua aramaica, e seu ensino tocava no mistério do ser feminino em Deus. Onde há somente o masculino, não há sexo, não há Divindade. O sexo entra em Deus como ser feminino.

374. "Há de amá-la sem desejo e adorá-la sem profanação. Quem adora a Deus na mulher, não precisa ir a nenhum templo" foi dito em *Poderes*, porque a natureza é o templo de Deus e a mulher é o sacrário que significa o templo; é o santo dos santos.

Sanctum Sanctorum era um recinto no templo, fechado em três lados por paredes brancas e cuja única saída estava coberta por uma cortina. Esse era o sarcófago ou tumba do Deus solar, a quem era consagrado o templo.

Essa tumba é o símbolo da ressurreição cósmica, solar e humana; é o despertar para a nova existência.

Bibliografia

Dicionário Maçônico
M. Dioses Atômicos

MAGISTER......................................Manual del Maestro
HEINDEL, Max..............................Concepto Rosacruz del Cosmos
LEADBEATER................................La Masonería Egipcia
BLAVATSKY, H. P.........................La Doctrina Secreta
RIHANI, Amin................................El Corazón de Líbano
ADOUM, Jorge................................As Chaves do Reino Interno
ADOUM, Jorge................................Rasgando Velos
ADOUM, Jorge................................La Magia del Verbo
ADOUM, Jorge................................La Zarza de Horeb
ADOUM, Jorge................................El Reino
ADOUM, Jorge................................Cosmogénesis
IGLESIAS, J....................................El Arcano de los Numenos
BESANT, Annie; LEADBEATER......El Hombre Visible y Invisible
BESANT, Annie; LEADBEATER......Los Chacras
BESANT, Annie; LEADBEATER......Formas de Pensamientos
LEVY, Elifas...................................El Gran Arcano Revelado
RAGÓN..La Masonería Oculta
DE GUAITA, Estanislau................ La serpiente del Génesis